东北振兴与东北亚区域合作

Revitalization of Northeast China and Regional Cooperation in Northeast Asia

总第九辑（2022 年第 1 期）

林木西　主编

中国财经出版传媒集团
经济科学出版社
Economic Science Press

图书在版编目（CIP）数据

东北振兴与东北亚区域合作．总第九辑：2022 年．第 1 期/林木西主编．-- 北京：经济科学出版社，2022．7

ISBN 978 - 7 - 5218 - 3858 - 9

Ⅰ．①东… Ⅱ．①林… Ⅲ．①区域经济发展 - 研究 - 东北地区②东北亚经济圈 - 区域经济合作 - 研究 Ⅳ．①F127．3②F114．46

中国版本图书馆 CIP 数据核字（2022）第 124601 号

责任编辑：宋　涛
责任校对：蒋子明
责任印制：范　艳

东北振兴与东北亚区域合作
林木西　主编
经济科学出版社出版、发行　新华书店经销
社址：北京市海淀区阜成路甲 28 号　邮编：100142
总编部电话：010 - 88191217　发行部电话：010 - 88191522
网址：www. esp. com. cn
电子邮箱：esp@ esp. com. cn
天猫网店：经济科学出版社旗舰店
网址：http：//jjkxcbs. tmall. com
北京季蜂印刷有限公司印装
787 × 1092　16 开　10．5 印张　210000 字
2022 年 9 月第 1 版　2022 年 9 月第 1 次印刷
ISBN 978 - 7 - 5218 - 3858 - 9　定价：42．00 元
（图书出现印装问题，本社负责调换。电话：010 - 88191510）

主办：辽宁大学东北振兴研究中心
协办：辽宁省东北地区面向东北亚区域开放协同创新中心
辽宁省区域经济发展研究基地
辽宁省东北（辽宁）振兴政策分析与评价重点实验室

前言

PREFACE

经过辽宁大学东北振兴研究中心、辽宁省东北地区面向东北亚区域开放协同创新中心的认真准备和相关研究人员、编辑的共同努力，致力于东北及东北亚经济研究的这本专业学术文集正式出版，这是我们在推动东北及东北亚经济研究方面的又一项重要努力，也为相关研究人员、专家学者进行学术交流、展示学术成果、扩大学术影响提供了又一重要媒介平台。

2017 年，辽宁大学应用经济学科入选教育部建设世界一流学科序列，是东北地区唯一一家入选的经济学科；同年，辽宁大学东北振兴研究中心入选中国智库索引（CTTI）来源智库。“东北地区面向东北亚区域开放协同创新中心”于 2014 年获批为辽宁省协同创新中心。上述单位多年来致力于东北及东北亚经济、区域经济方面的研究，先后获批相关领域国家级重大、重点项目十多项，产生了一批标志性成果，为推动区域经济发展发挥了重要作用。

当前，中国特色社会主义进入新时代，东北经济发展、东北亚区域合作出现许多新情况与新问题，面临许多新挑战与新机遇，也给学术界提供了许多亟待研究的新课题。目前，国内外对于东北经济问题非常关注，学术界也已经形成东北振兴战略实施以来的第二波研究高峰。辽宁大学应用经济学科在学科建设规划中，继续将东北振兴与东北亚区域合作作为教学科研主攻领域，希望与学界同仁共同努力，推动相关研究进一步深入，为东北振兴与区域发展贡献力量。

《东北振兴与东北亚区域合作》集聚了具有较高质量的东北振兴、东北亚区域合作及相关领域的研究论文、综述、调查报告。主要涵盖了“东北经济”“东北亚区域合作”“一带一路”“区域经济”“产业经济”“宏观经济”“理论热点”“书评”等方面的内容。特别欢迎有关东北体制机制、经济结构、东北经济史、非正式制度与正式制度分析、东北亚政治经济最新发展等方面的原创性论文及文章。

求道无篱，经世致用，《东北振兴与东北亚区域合作》坚持理论联系实际，鼓励学术创新争鸣，努力营造自由、平等、宽松、严谨的学术研究环境氛围。学术乃天下之公器，文章为经国之大业。我们感谢学界同仁对文集的支持与帮助，愿与大家一起，齐心合力，为推动东北经济研究进一步深入而努力奋斗。

林木西

2018年6月

目录
CONTENTS

关于加快辽宁数字政府建设的对策建议*

关钰桥　林木西**

摘　要：数字政府建设是数字辽宁建设的关键，是推进建设“网络强国”“数字中国”“东北振兴”战略的必然要求。数字政府建设是全面数字化发展的基础性工程，有利于提高数字经济治理体系和治理能力现代化水平。为全国数字政府建设探索出“辽宁样本”，现立足发展实际，分析辽宁省数字政府建设的主要进展、优势以及面临的主要问题，借鉴先进省市经验做法，提出持续加强辽宁“数字政府”建设的对策建议。

关键词：数字辽宁　数字政府　政府治理　对策建议

一、引　言

大数据、区块链、人工智能等新兴技术深刻影响社会经济生活以及国家治理。数字政府作为一种数字技术驱动的新型组织模式，备受各界学者关注。十九届四中全会做出推进“数字政府治理”的决策部署；“十四五”规划的“数字中国”战略，明确提出“加快建设数字政府”；2021 年 12 月颁布的“十四五”数字经济发展规划再次强调“持续提升公共服务数字化水平，提高‘互联网 + 政务服务’效能；健全完善

* 基金项目：辽宁省社科规划基金重点项目“技术赋能辽宁数字政府治理机制研究”（L21AGL009），辽宁省司法厅项目“数字政府赋能辽宁法治营商环境优化的机制研究”。

** 作者简介：关钰桥（1993 ~），女，辽宁沈阳人，辽宁大学应用经济学博士后，讲师，博士，研究方向：数字经济、数字政府；林木西（1954 ~），男，辽宁沈阳人，辽宁大学资深教授，长江学者特聘教授，博士，博士生导师，研究方向：国民经济学。

数字经济治理体系，强化协同治理和监管机制，增强政府数字化治理能力，完善多元共治新格局”；2022 年 3 月 5 日，李克强总理在政府工作报告中再次强调“加强数字政府建设，推动政务数据共享”……就此，全国各地方纷纷开展数字政府治理工作，如浙江建设“一体化数字资源系统（IRS）”；广东建立首席数据官制度；山东打造“无证明城市”等多方面采取举措助推政府数字化转型，辽宁也不例外。

数字政府建设是数字辽宁建设的关键。数字政府建设是全面数字化发展的基础性、先导性工程，在促进数字经济、建设数字社会、完善数字生态中起到关键的引领作用[1]；有利于提高数字经济治理体系和治理能力现代化水平[2]。“十四五”时期，辽宁省围绕“数字辽宁、智造强省”建设目标，大力加强“数字政府”建设，坚持以数字化倒逼改革，编好数字政府建设“三张网”，坚持以“一网通办”倒逼流程再造，以“一网统管”倒逼社会治理创新，以“一网协同”倒逼数据资源开放共享。本文将立足辽宁省发展实际，分析辽宁数字政府建设的主要进展与问题，借鉴先进省市经验做法，提出持续加强辽宁“数字政府”建设的对策建议。

二、辽宁数字政府建设的主要进展

（一）数字化政府建设始见成效

1. 一体化政务平台初步建立

目前，已建成省级政务云平台，政务信息系统整合共享工程初具规模，706 个政务信息系统迁入省政府数据中心。全省一体化在线政务服务平台“辽宁政务服务网”上线运行，45 个省级进驻部门，1582 项省级依申请政务服务事项，812 项全程网办事项，1566 项最多跑一次事项。全面对接国家政务服务平台，提供 28.9 万项服务，成为政府为企业和群众线上服务的主要渠道。基本建成“跨省通办”“东北三省一区通办”“全省通办”的跨部门、跨地区、跨层级的一体化平台。2019 年 10 月 20 日，一体化在线政务服务平台移动端“辽事通”正式开通，开启辽宁“App + 小程序”移动政务新时代。

2. “放管服”改革不断深化

随着数字辽宁建设的加速推进，辽宁省在政务服务“一网、一门、一次”改革上取得成效。两年间共取消调整行政职权事项 2203 项，精简率达 50.7%。推动辽宁省政务服务“一网通办”由“可用”向“好用”转变，网上实办率达到 60.3%，依申请政务服务事项可网办率达 100%。辽宁省和大连市还积极推进了“只提交一次材料”改革，推动线下实体办事大厅与线上一体化政务服务平台深度融合，营商环境不断优化。

（二）“政府主导＋多主体协同”数字化治理模式初步建立

1. 以政府为主导推进数字政府建设

2021 年 5 月 13 日，辽宁省大数据管理局的成立，标志着辽宁省进入推进政府数字化转型、全面开启数字化改革的新阶段。主要负责统筹管理全省的数据资源和数字政府建设，认真做好政务大数据发展规划、政策建议、标准规范、安全保障、督促检查及全省政府系统电子政务建设的规划协调和指导监督等工作。

2. 多主体协同助推数字政府建设

在发展咨询与政策制定方面，组建数字辽宁建设专家委员会，从国内科研院所、高等院校、政府部门、知名企业中选聘专家学者和企事业代表加入咨询机构，共同参与数字政府相关政策规划的制定，先后编制《辽宁省“十四五”数字政府发展规划》《辽宁省数字政府标准体系研究报告》，出台《2021 年数字辽宁建设工作要点》，起草《辽宁省大数据发展应用促进条例》等。在技术攻关与数字基建方面，各级政府积极与国内外知名企业展开合作，加快新型数字化基础设施建设。如北方数股与华为团队合作，打造北方第一算力基础设施，为大连、辽宁乃至东北区域提供人工智能核心领域算法服务和基础算力服务。

（三）政务服务水平不断提高

1. 移动政务便民“不打烊”

“辽事通”初步实现政务服务事项“掌上办”，惠企便民政策“指尖查”，对政府意见建议“随身”提。截至 2021 年 7 月，“辽事通”上线服务事项 2531 项，累计发放电子社保卡 45.5 万张、电子医保卡 13.5 万张、电子身份证 19.2 万张、电子驾驶证 17 万张，“亮证扫码”功能全面推开。

2. 政务服务标准化

围绕“一网通办”设定的 59 项考核指标，省营商局聚焦企业群众需求，推进全省政务服务中心标准化建设，制定《2021 年全省政务服务中心运行情况考核评价工作方案》，设置了业务办理、流程再造、改革创新等 18 项指标，采取自评、互评、现场检查、明察暗访等方式进行考核。

3. 群众反馈“有声”

辽宁政务服务网设置“统一咨询投诉”“统一好差评”板块，“辽事通”App 内搭建“12345 投诉平台”，连接省内媒体的“融媒体”以及建言献策的“金点子”征集活动，为企业群众搭建广泛畅通评价渠道，建立差评核实、整改和回访机制，综合分析评价数据，发现服务中的堵点和亮点，推进服务精细化。

4. 为政务数据共享提供立法保障

辽宁省在保障数据安全、政务数据共享立法方面处于全国前列。2019 年 11 月颁布的《辽宁省政务数据资源共享管理办法》和 2020 年出台的《沈阳市政务数据共享开放条例》，为打破“数据壁垒”，消除“数据烟囱”，加快推动政务数据资源共享开放，提高政务效能，提供了地方立法形式保障。2021 年辽宁省司法厅进一步出台了《辽宁省大数据发展应用促进条例》。

三、辽宁数字政府建设面临的主要问题

（一）对数字政府建设的重要性认知程度不高

主要是政府内部对数字治理的认识不统一，不少人仍存在保留着传统的治理理念，对数字政府建设的重要性程度不高，对政府数字化转型的意识不强，治理模式创新性不足[3]。有的部门和地区只是将线下审批表格简单地拿到线上填写，追求“物理移植”忽视“化学反应”。同时，企业对于建设数字政府的意识淡薄，参与度不高，存在“政府热、企业冷”的问题。

（二）治理模式创新仍需探索与完善

虽然“政府主导 + 多主体协同”的数字化治理模式初步建立，但“协同治理”仍是横亘在全省面前的一道难题。主要是政府、企业、高校、科研院所、中介机构等之间缺乏协同联动。社会公众“数字化参与”热情不高；“自下而上”“互联互通”的政府服务监管体系和反馈渠道仍需进一步打通；适合区域发展、具有地方特色的治理模式需要不断探索与创新。

（三）数字化基础设施建设亟须升级

尽管省内基本实现 14 个市和沈抚改革示范区主城区 5G 信号连续覆盖，但与江苏、广东、北京、浙江等第一梯队的发达省份相比存在较大差距。基础设施指标低于全国平均水平。新型数字基础设施规模偏小，支撑数字政府建设的跨部门、跨地区、跨层级的一体化政务平台建设尚显不足。省内数字基础建设差距明显，数字政府发展水平不均衡，仅沈阳和大连入选“2020 年中国数字基础百强城市”榜单，其他市、县数字基础设施发展水平还需进一步提高。省内各市共享平台对接省级平台、各县区尤其是贫困落后区县对接市级平台的任务艰巨。对平台建设架构搭建、冗余系统整

合、政务数据共享等数字技术创新运用存在较大考验，亟须尽快将5G、云计算、大数据、区块链等更多数字技术应用到数字政府建设中。

（四）数据共享开放“落地难”

尚未建立起上下贯通、横向联通的数据资源体系，多数数据资源分散，存在“数据孤岛”和数据安全隐患。政府间（“G2G”）、政府与企业间（“G2B”）以及政府与公众间（“G2C”）的互动共享程度低、业务协同效率不高，还存在“不对话”“不统一”“不共享”的现象等。对数据开放理解不到位，简单地“把数据开放等于信息公开”。数据开放“赶晚集”，更新周期过长，公示数据范围窄、规模小，数据标准差异性大。数据利用率低，数据产权尚不明确，隐私保护等亟须解决和改善[4]。

四、辽宁数字政府建设存在的优势

（一）基础设施优势

1. 传统基础设施优势

辽宁省交通、水利、电网、城市基础设施较好，具备雄厚的数字设施基础。有利于将辽宁省经济发展数据与城市各方面数据相结合，加强政务信息资源统筹，加快建设升级智慧城市运行管理平台。

2. 数字基础设施建设优势

4G信号、千兆宽带网络已覆盖全省，基本实现14个市和沈抚改革示范区主城区5G信号连续覆盖，区域云中心不断壮大，建设布局东北能源大数据中心等行业大数据中心，建成国家互联网骨干直联点和全国首个区块链“星火·链网”骨干节点，为编织好“数字政府”建设的“三张网”提供了坚实数字基础。

（二）产业优势

1. 数字产业优势

辽宁省数字经济核心产业以集成电路产业和软件信息产业为主体，在产业规模上均处于全国领先地位。在中国科学院《互联网周刊》公布的《2020数字经济创新企业100强》中，本土数字企业东软集团、新松上榜。在大数据平台搭建、技术赋能政务服务场景应用等方面，发挥了良好的示范引导作用。此外，在人工智能、虚拟现实、数字文创等新兴数字产业领域，以及数字经济的新业态新模式上也初具规模。

2. 数字化应用场景优势

辽宁省具有较好的数字产业基础和数据资源，有大量应用场景可以挖掘。目前，华晨宝马、新松机器人、沈飞民机等本土企业开展5G、家产AR和VR等场景应用。同时，更多的数字企业不断嵌入辽宁省政府公共服务和人民日常生活中，扩大了数字技术的应用空间，有利于进一步挖掘辽宁省数字化应用场景。

（三）制度优势

在全省优化营商环境推进会提出“以数字化倒逼改革”，编织好“一网通办、一网统管、一网协同”“三张网”，以“一网通办”倒逼流程再造，以“一网统管”倒逼社会治理创新，以“一网协同”倒逼数据资源开放共享。国家发展改革委公布2020年中国营商环境评价结果显示，在全国80个参评城市中，沈阳成为20个标杆城市之一，并连续两年成为东北地区唯一的全国标杆城市。此外，辽宁省在保障数据安全、政务数据共享立法方面处于全国前列，为数字政府建设提供了地方立法保障。

（四）“双核引领”政府数字化转型

沈阳和大连作为辽宁省双中心城市，在政府数字化转型的进程中不断发挥辐射带动和示范引领作用。具体体现在数字政府建设过程中一体化平台搭建、相关政策颁布与立法、政务数据共享和开放、营商环境和智慧城市建设等方面。在《省级政府和重点城市网上政务服务能力（政务服务“好差评”）调查评估报告（2021）》[5]重点城市评估排名中，沈阳（84.97）和大连（81.93）分别排名第14位和第18位，网上政务服务能力指数为“高”（80～90），其中大连通过1年的努力，由“中”升“高”。沈阳、大连双双进入“2020年中国数字基础百强城市”榜单，入选国家5G试点城市，获批国家电子商务示范城市等。2021年11月，沈阳入选第一批城市更新试点，引领各城市转型发展、高质量发展。

五、横向比较分析与典型省份经验做法

（一）横向比较分析

将辽宁数字政府建设水平和全国其他省份做法做横向比较，结合中央党校（国家行政学院）电子政务研究中心2021年5月最新公布的《省级政府和重点城市网上政务服务能力（政务服务“好差评”）调查评估报告（2021）》，重点从网上政务服务能力进行评估。主要围绕在线服务成效度、在线办理成熟度、服务方式完备度、服

务事项覆盖度、办事指南准确度5个维度开展（见表1、表2）。政府政务服务能力主要根据“政府一体化政务服务能力水平”分析，目前我省的主要差距体现在以下几个方面。

表1　　省级政府调查评估总体指数排名

排名	省级政府	总体指数	在线服务成效度	在线办理成熟度	服务方式完备度	服务事项覆盖度	办事指南准确度
1	上海	95.38	95.41	95.44	95.80	95.75	94.27
	广东	95.38	94.40	97.16	95.60	94.00	95.15
	浙江	95.38	93.66	96.91	97.76	94.00	93.90
2	北京	93.06	90.93	93.00	92.94	96.38	93.52
	江苏	93.06	91.92	89.59	94.90	93.00	98.37
3	贵州	92.02	89.57	89.55	93.31	92.75	97.77
4	安徽	91.02	89.26	88.91	92.08	93.38	93.70
5	四川	90.18	87.44	86.88	94.35	91.38	93.51
6	福建	89.09	83.99	88.06	92.11	90.88	93.47
7	湖北	88.04	83.46	85.32	91.91	89.88	93.18
8	河南	87.38	82.06	85.29	93.08	89.50	90.03
9	河北	86.89	79.97	84.73	94.69	85.63	92.86
10	江西	86.28	79.01	84.31	94.24	85.28	92.12
11	宁夏	85.33	78.53	81.23	92.86	89.63	89.17
12	云南	85.10	79.78	79.81	92.83	86.25	91.30
13	湖南	84.84	78.43	81.80	91.67	89.88	93.18
14	广西	84.41	79.44	81.12	86.15	91.25	89.03
15	海南	84.23	78.34	83.21	90.80	86.25	94.98
16	吉林	83.90	76.55	84.54	85.79	86.63	89.92
17	★辽宁	83.59	80.43	81.58	87.24	81.00	89.95
	山东	83.59	82.29	77.41	89.89	86.50	84.78
18	内蒙古	83.13	79.18	77.61	87.25	87.13	89.41
19	天津	81.99	76.72	82.80	86.81	82.88	82.09
20	山西	81.15	75.37	77.65	83.65	88.38	86.08
21	黑龙江	80.92	78.29	79.13	79.75	84.00	86.73
22	西藏	78.13	68.49	76.96	89.01	81.65	78.11

续表

排名	省级政府	总体指数	在线服务成效度	在线办理成熟度	服务方式完备度	服务事项覆盖度	办事指南准确度
23	陕西	78.08	67.85	73.75	85.89	84.25	85.73
24	青海	76.36	71.24	73.08	81.11	78.10	82.26
25	甘肃	76.15	70.57	75.10	84.61	74.50	77.59
26	新疆	73.15	71.99	71.81	72.64	78.85	72.32
	新疆生产建设兵团	73.15	69.97	71.71	78.55	70.88	75.91

注：报告中的指数是原始数据，排名是按标准化处理后的数值，阴影面积所标出的“省级政府”为标准化后的“总体指数”高于“总体指数平均值85.21”。“★”为对“辽宁”的数据进行重点标注，为醒目。

表2　　各指数辽宁与优秀地区对比汇总

维度	指数平均值	辽宁指数	前三名
在线服务成效度	80.76	80.43	上海、广东、浙江
在线办理成熟度	83.08	81.58	广东、浙江、上海
服务方式完备度	89.42	87.24	浙江、上海、广东
服务事项覆盖度	86.98	81.00	北京、上海、浙江/广东
办事指南准确度	88.77	★89.95	江苏、贵州、广东

注：“★”为对“辽宁”的数据进行重点标注，为醒目。

1. 网上政务服务能力属于中上水平

该报告显示，在31个省（自治区、直辖市）和新疆生产建设兵团的“省级政府一体化政务服务能力总体指数排名”中，2020年度辽宁总体指数为83.59，排名第17位。该排名前三的省级政府有上海/浙江/广东（并列第一）、北京/江苏（并列第二）、贵州（见表1）。“省级政府一体化政务服务能力”总体指数平均值85.21，居全国中等水平（见表3）。

表3　　省级政府一体化政务服务能力水平分布

非常高（≥90）	北京、上海、江苏、浙江、安徽、广东、四川（+）、贵州
高（90~80）	天津、河北、山西、内蒙古、辽宁、吉林（+）、黑龙江（+）、福建（-）、江西、山东（+）、河北、河南、湖北、湖南、广西、海南、重庆、云南、宁夏
中（80~65）	西藏、陕西、甘肃、青海、新疆、新疆生产建设兵团
低（≤60）	—

注：地区按照省级行政区划排序，地区名后的（+）标记代表从较低的组别升至更高的组别（例如从低升至中）；地区名后的（-）标记代表从较高的组别降至较低的组别（例如从高降至中）。

2. 5个维度评估4个维度低于全国平均水平（见表2）

在省级政府调查评估5项一级指标中，服务方式完备度指数相对较好，平均值为89.42；办事指南准确度、服务事项覆盖度次之，平均值分别为88.77和86.98；在线办理成熟度和在线服务成效度指数相对较弱，指数平均值分别为83.08和80.76。报告显示，我省在具体维度指数中，除“办事指南准确度”（89.95）指数外，其他指标均低于省级政府平均值，尤其在服务方式完备度（87.24）和服务事项覆盖度（81.00）方面差距明显。在线办理成熟度（81.58）和在线服务成效度（80.43）一直是辽宁数字政府建设的短板。

（二）典型省份经验做法

1. 浙江省经验做法

一是“最多跑一次”在全国产生示范效应。这一改革引领的数字政府转型被国家列为改革试点后，两年内又有新的发展，使“一次不用跑”成为现实。随着浙江数字政府建设的不断创新深入，正在从以“网上政务”为核心的1.0时代，走向以“数据化运营”为核心的2.0时代。

二是实行“政府主导+社会参与”的治理模式创新[6]。借助阿里巴巴等企业的技术优势，以合作的形式共建数字政府建设所需的数据体系、平台系统，实施“六位一体”与“三步走”核心战略，在很大程度上保证了政府对海量数据的有效把控。

三是数据治理创新。创新建设一体化数字资源系统（IRS），统筹整合全省政务数字应用、公共数据和智能组件等数字资源，建成省市县一体化智能化公共数据平台，建立政务数字资源高效配置机制。实现一揽子申请、一平台调度，“一地创新、全省受益”，推动数据资源“一数一源一标准”治理。在建设IRS系统的过程中，坚持“开门建系统”，全省统建，市县共用。以构建应用统筹协调机制、组件共建共享机制、数据资源高效配置机制、云资源高效利用管理机制等机制为保障。

2. 广东省经验做法

一是在国内最早提出建设数字政府。将数字政府改革建设列为全省全面深化改革的18项重点任务之首，先后制定《广东“数字政府”改革建设方案》《广东“数字政府”建设总体规划（2018—2020）》等。

二是政企合作打造“粤省事”移动应用和“广东政务服务网”一体化在线政务服务平台。以公民需求为导向，推动平台功能优化完善，为公民提供精准、优质、个性化的政务服务。对内统一规划建设全省政务云平台，落实“集约共享”平台建设思维，形成“1+N+M”的政务云平台。

三是治理模式创新。采用“协同治理”的工作思维，选择“政企合作、管运分离”模式，成立广东“数字政府”运营中心，形成“1+3+N”的“政企合作”模式[7]。突破原政务服务中的“单中心”治理模式，打造“人民群众满意”政府，加强政府与其他社会主体间的交流合作，弥补政府在平台运营经验、技术设施等方面不足，既减轻工作压力，又有效保证实施效果。

四是率先建立首席数据官（CIO）制度。2021年4月，选取肇庆等地试点建立首席数据官制度，并出台《广东省首席数据官制度试点工作方案》，此举在全国具有先锋性意义，标志着“十四五”广东数据要素市场化配置改革的又一开创性、基础性和制度性创新举措落地实施。

3. 贵州省经验做法

一是“一网通办”数字政府实践。贵州省于2018年先后发布《促进大数据云计算人工智能创新发展加快建设数字贵州的意见》和《推进“一云一网一平台”建设工作方案》，以大数据战略为依托开展数字政府建设，采取“五个一”创新做法，运营“云上贵州”政务数据平台，践行“五全政务服务”理念，建成新版贵州政务服务网。

二是在全省层面成立大数据发展领导小组。领导小组办公室设在大数据管理局，在各市州采用“云长负责制”，由各市州、直属部门一把手担任“云长”，全面推进电子政务云、工业云、电子商务云等“七朵云”工程。

三是治理模式创新。由于贵州是内陆不发达省份，没有大型互联网龙头企业，因此在数字政府建设时采用了由“政府出资成立国有企业”的方式解决技术难题，即直接成立省直属国有企业，提供云上贵州所需的技术支持。2018年2月，贵州正式挂牌成立云上贵州大数据（集团）有限公司，该公司是由贵州省政府批复成立的省属国有大型企业，致力于服务全省大数据战略行动和国家大数据（贵州）综合试验区建设[8]。

4. 山东省经验做法

一是制定“数字山东”行动方案。为进一步贯彻落实《数字山东发展规划（2018—2022年）》，全面推进数字强省建设，山东省人民政府于2021年4月制定了《数字山东2021行动方案》。

二是加快建设整体高效的数字政府。实施个人和企业全生命周期服务“双全双百”工程，推动74项“跨省通办”事项全面落地，高频政务服务事项基本实现“全省通办”。从“减证便民”到“无证利民”，全域推进“无证明城市”建设。加强电子证照应用，推进跨省互认，打造济南、青岛等“无证明城市”。实行“爱山东”场景化、向导式改造，完成智能客服、老年关怀专版等建设改造项目。实施数字政府强基工程，推进政务外网公共服务领域“一网多平面”建设。

三是数据治理创新。构建一体化数据资源体系，在完善省一体化大数据平台的基础上，搭建人口、健康、税务、电力等行业分平台。深化数据服务，面向自然人和法人组织，分别形成千个“数字标签”。

六、加快辽宁数字政府建设的对策建议

（一）加强系统化推进

1. 加强顶层设计和体制机制建设

加强制度保障、物质保障，确保高质量建设数字政府。充分发挥数字辽宁建设领导小组的统筹协调作用，继续强化省大数据管理局等部门的辅助管理、督促检查等工作职能。制定设计与数字辽宁建设、数字政府建设、数字化转型、数据治理等全方位的总体规划与标准，全面推进数字化改革。用数字技术赋能政府治理理念、治理机制和治理模式创新[9]。建议借鉴山东省实施的《数字山东 2021 行动方案》，浙江省印发的《浙江省数字化转型标准化建设方案》，结合辽宁实际推进政府数字化转型进程。

2. 强化地方立法支撑

建议在数据共享、数据安全、技术应用、平台搭建等研究基础上出台一系列相关政策法规，将可能引发的风险纳入法略调控。在制度政策制定过程中，应遵循“鼓励创新”“包容审慎”“规范发展相平衡”的基本原则，同时适应数字技术发展，及时推动相关法律的立改废释纂，从而促进数字政府建设与法治政府建设同频共振、共同发展。

3. 加大财政投入

建议设立数字政府建设专项资金，持续加大资金投入额度，用于平台优化、技术升级、决策咨询等方面。设立专项委托课题，制定奖励机制，吸引企业、高校、科研机构等深度参与数字政府建设。

4. 加强数字政务人才培养

强化各级领导干部对数字政府建设的必要性和重要性认识，由相关单位和部门定期开展数字政务人才培训，提高各级领导干部数字经济思维能力和专业素质，增强发展数字经济本领。

5. 招贤纳士，广发“英雄帖”

强化数字政府高质量人力资源支撑，创造“数字人才红利”。建议借鉴沈抚改革示范区员额制招聘的做法，为促进数字经济发展公开招聘“委管副职”，广寻在政策

研究、治理模式创新等方面具有一定工作经验的市级部门、大企业中层等治理人才。

（二）聚焦多主体协同治理的模式创新

1. 聚焦协同治理[10]

政府数字化转型离不开社会公众、市场力量和企业技术支持。鼓励协同治理模式创新，实施“数字政府共建计划”。建议综合借鉴浙江省“政府主导 + 社会参与”、广东省“政企合作、管运分离”的经验做法，树立“协同治理”理念，积极打造“多中心治理”格局，共同探索数字化政府新型治理模式，促进政府管理与政务服务创新，在政府治理过程中实现跨层级、跨部门、跨地域、跨业务的协同与联动。

2. 协同助力数字政务决策

充分发挥专家委员会的作用，建立健全重大决策事项专家咨询机制。继续推动产学研合作，提升科技成果转化效率，例如推进新松 VR 产业研究院建设。鼓励在辽企业、高校、科研院所等积极参与数字政务决策，促进“百花齐放”。建议借鉴“国网辽宁电力‘电力城市大脑’”案例，从电力视角展现城市经济发展现状，与市级政府达成合作意向并建立定期汇报制度，协助各级政府掌握重点企业和产业发展情况，为调整产业政策提供参考依据。

3. 协同共推数字基建升级

在政务服务基础设施建设中，积极动员民营企业及社会力量，充分发挥互联网企业和基础电信运营商的技术优势，推进共同参与。建议积极引进百度、阿里、京东等头部企业，发展高能级总部经济。引导支持与辽宁省高科技企业如新松、东软开展深入合作，共同打造一批“数字辽宁、智造强省”先进项目。借鉴浙江借助阿里巴巴等数字企业的技术优势，以合作的形式共建辽宁“一体化政务服务平台”“数字身份系统”等数字政府建设所需的数据体系、平台系统；共创“数字治堵”“数字治城”“数字治疫”等城市大脑建设的应用场景。

（三）进一步优化营商环境

1. 实施“数字政府即平台”战略[10]，加快完善省级一体化政务服务平台建设

坚持以公民需求为导向推动，持续推进“渠道一网通达”“事项应上尽上”等平台功能优化，完善网上政务服务内容，完成省、市级政务服务事项上云率达到 100%，全面实现政务服务“一网通办”。加快推进“一网协同”，建设和完善“辽政通”协同办公平台，完成政务云建设，建立健全扁平高效的“一网协同”工作体系，努力为省内欠发达地区群众提供“无差别”的政务服务。积极推进跨部门、跨系统、跨地域、跨层级的统筹协同机制和政务数据资源开放体系建设。推进省域社会治理

“一网统管”，进而提高数字化政务服务效能和社会治理智慧化水平。建议借鉴浙江省统筹整合全省数字资源，实现省市县三级的政务云基础设施建设，建成一体化智能化公共数据平台，实现“一地创新、全省受益”。

2. 全面打造数字政务服务环境，全面推进“线上 + 线下”数字政务深度融合，打造政务服务“智能办”

积极推进5G、人工智能、大数据、区块链等新技术引入政务服务场景中，持续推进无纸化“线上办公”，推动申报即办结的“智能化”无人干预审批，实现“秒批秒办”；加快“线下”实体办事大厅数字化标准化改造，增设自助设备，加快推进政务服务由“传统审批”向“智能”服务转变。积极打造“不打烊的数字政府”，全方位深化政府数字化转型。

3. 实现政务服务标准化、精细化，应进一步深化“互联网 + 政务服务”，提供“更简、更便捷”的政务服务，增强企业和群众的获得感和满意度

持续深化“放管服”改革，以“只提交一次材料”改革为牵引，打造“以人民群众为中心”的服务型政府，持续优化“办事方便、法治良好、成本竞争力强、生态宜居”的营商环境，促进经济高质量发展，从而实现辽宁全面振兴、全方位振兴新突破。建议借鉴广东省“集约共享”平台建设思维，从省级层面建立数字政府服务质量、服务内容、数据共享等标准，并借鉴贵州省的“贵人服务”的做法，建设五级政务服务体系，以立法形式固化“政府数字化”改革成果，促进政务服务水平提升。

（四）着力优化数字化营商环境

由于传统营商环境无法涵盖数字经济发展的特有挑战，数字经济需要独特的营商环境。习近平总书记在亚太经合组织第二十七次领导人非正式会议上提出，倡导优化数字化营商环境，激发市场主体活力，释放数字经济潜力。“十四五”时期辽宁省应以优化数字化营商环境为着力点，推动数字经济发展。

1. 以数字赋能、改革创新精神推进营商环境再优化

应深刻意识到“大数据不是一般技术问题”，而是“思维变革的武器、优化营商环境的关键、振兴发展的推手”。积极借助大数据等数字技术手段优化营商环境，加快数字政府建设，发挥新基建保障作用，通过数字赋能推进环境再优化、改革再深化。应大胆探索更多创新举措，以改革精神推动数字政府建设见势成效。积极打造绿色低碳的数字政府。

2. 全面提高数字化政务服务效能

积极推进5G、人工智能、大数据、区块链等数字技术应用于政府管理与服务。

进一步增强数字开发应用能力，积极拓展数字政府应用场景，构建起平台联通、流程高效、场景统筹的长效机制。持续开展“减证便民”行动，尽快搭建“数字身份系统”，促进数字政务服务优化。建议借鉴山东省“无证明城市”做法，加强电子证照应用，推进跨省互认，打造沈阳、大连等“无证明城市”。

3. 实现以用户需求为中心的政务服务模式创新

改变当前的被动满足用户需求为主的政务服务模式，要以“没有最好、只有更好”为工作标准，努力实现“办事更方便、服务更优质、成本更低廉”的数字化营商环境。要以群众和市场主体的获得感、以高质量发展的成效为评判依据，倒逼各项工作提质增效，为高质量发展提供坚实支撑。实行主动满足需求、实现“免审即享”，如推动身份证信息、电子营业执照与银行信息等其他信息融合，在涉企服务中扩大“秒批”“秒办”“免证办”或“即来即办”的覆盖范围，真正实现以用户为中心的业务流程梳理和改革。

4. 优化数字市场准入体系

解决数据市场准入手续烦琐、进入门槛高、地方保护主义、企业合理成本高等突出问题。简化网络零售、网约车、在线外卖、互联网医疗等领域开展网络经营资质要求，同时解决属地化管理、多层监管等问题，以适应数字经济跨行业融合、跨地区经营、快速迭代等特色要求。

（五）以制度创新助推数据治理

1. 建议建立政府系统首席数据官（CIO）制度

在省内选取试点城市建立首席数据官制度，统筹数据战略推进。建立健全数据资源全链条管理机制和首席数据官联席会议制度，并在全省范围内开展数据资源普查工作。试点市、县级政府（管委会）和市直部门分别设立本级政府首席数据官和本部门首席数据官。明确职责范围，健全评价机制，创新数据共享开放和开发利用模式，推动公共数据开放利用示范试点建设，促进数据要素市场化配置改革。建议借鉴广东省 2021 年 4 月颁布的《广东省首席数据官制度试点工作方案》的做法。

2. 建立数字治理机制

积极建立政府、社会、市场之间的技术、业务、数据、空间相互融合的良好的数字生态环境。建立系统全面的政务数据资源体系，强化数据安全保护。加快建立政府主导、多方参与的数字治理机制，完善现有的数据共享与数据安全相关规章制度。健全政务信息资源安全管理制度，推进政务信息资源共享、风险评估和安全审查，强化应急预案管理，切实做好数据安全事件的应急处置。建议借鉴浙江省推动数据资源“一数一源一标准”的治理，“一体化数字资源系统”长效运行所探索落地的“三大机制”保障，即应用统筹协调机制、组件共建共享机制与数据资源高效配置机制。

3. 积极探索数据价值化，挖掘数字化应用场景

鼓励企业、高校与社会公众对公共数据的挖掘与创新应用，设立奖励机制，促进数据价值化成果转型“落地”。建议基于具体的业务需求驱动，在省级范围内推动数据开放和跨部门共享，实现数据的增值利用、创新开发和价值释放。鼓励搭建省级数字经济一体化平台，建立数据动态中心，依据民生需求，深度挖掘就学、就医、养老、停车、旅游各类场景应用价值。如积极挖掘在智慧农业和城市大脑等城乡建设中、在“不见面审批”等营商环境优化中、在教育医疗健康养老等公共服务中的数字化应用场景。

（六）实施“数字包容”战略，鼓励公众“数字化参与”

1. 实施“数字包容”战略

推动政务服务与公众数字素养同步发展，变数字鸿沟为数字红利。在一体化平台设计等方面应考虑老年人、残疾人等弱势群体的习惯，开展向导式改造，完成智能客服、老年关怀专版等建设改造项目，提升政务平台适老化和无障碍服务水平。通过社区宣传、志愿者“一对一”帮扶等方式，全面普及数字政务应用。在提供标准化规范化的同时兼顾人性化、个性化服务需求，让数字红利最大限度地惠及大众。

2. 鼓励公众“数字化参与”

建议持续加大对数字政府协同治理模式的宣传力度，提高社会公众意识。继续拓宽优化评价反馈渠道，让公众反馈“有声”。建议建设覆盖各层级各部门的政务微博，把政府的事项发布与群众利益诉求、反馈推至“云上”，通过一键“@部门”就能得到政府部门回应。定期组织举办数字化应用场景创新、新型智慧城市建设创新、数据安全与算法模拟等大型活动赛事，吸引公众参与；建立健全奖励机制，鼓励建言献策。

3. 建立“公众评议会”以增强企业和公众在数字政府建设进程中的社会参与度

主管部门领导采取“线上或线下”形式，定期与公众举办“面对面”交流互动，直接、全面、准确地了解公众的需求，进一步打造“以人民群众为中心”的服务型政府。通过这种“倒逼”模式提升政府智能治理能力，促进政务服务的业务重组与流程再造。

参考文献

[1] 江小涓. 以数字政府建设支撑高水平数字中国建设 [J]. 中国行政管理，

2020 (11): 8 -9.

[2] 黄璜. 数字政府：政策、特征与概念 [J]. 治理研究, 2020, 36 (03): 6 -15 +2.

[3] 王伟玲. 加快实施数字政府战略：现实困境与破解路径 [J]. 电子政务, 2019 (12): 86 -94.

[4] 王孟嘉. 数字政府建设的价值、困境与出路 [J]. 改革, 2021 (04): 136 -145.

[5] 中央党校（国家行政学院）电子政务研究中心：《省级政府和重点城市网上政务服务能力（政务服务“好差评”）调查评估报告（2021)》2021 年 5 月。

[6] 刘淑春. 数字政府战略意蕴、技术构架与路径设计——基于浙江改革的实践与探索 [J]. 中国行政管理, 2018 (09): 37 -45.

[7] 吴磊. 政府治理数字化转型的探索与创新——以广东数字政府建设为例 [J]. 学术研究, 2020 (11): 56 -60.

[8] 蒋敏娟. 地方数字政府建设模式比较——以广东、浙江、贵州三省为例 [J]. 行政管理改革, 2021 (06): 51 -60.

[9] 孟天广. 政府数字化转型的要素、机制与路径———兼论“技术赋能”与“技术赋权”的双向驱动 [J]. 治理研究, 2021, 37 (01): 5 -14 +2.

[10] 胡重明. “政府即平台”是可能的吗? ——一个协同治理数字化实践的案例研究 [J]. 治理研究, 2020, 36 (03): 16 -25.

The Recommendations on Accelerating the Construction of Liaoning's Digital Government

Guan Yuqiao　Lin Muxi

Abstract: The construction of digital government is the key to the Digital Liaoning, which is an inevitable requirement to promote the strategy of "Network Power", "Digital China" and "Northeast Revitalization". Digital Government is a fundamental project for comprehensive digital development, which is conducive to improving the modernization level of the digital economy governance system and governance capabilities. In order to explore the "Liaoning sample", based on the actual situation, the paper analyzes the main progress, advantages and main problems of Liaoning's digital government construction. By learning from the experience and practices of advanced provinces and cities, it puts forward countermeasures and suggestions to continuously strengthen the construction of "Digital Government" in Liaoning.

Keywords: Digital Liaoning　Digital Government　Government Governance　Countermeasures and Suggestions

三线建设工业布局调整的战略构想及重要成就*

黄　巍**

摘　要： 新中国成立之前，我国的工业企业大部分集中在沿海城市，且主要分布在东北、华东地区，这种不平衡的工业布局不利于应对战争危险。20 世纪 60 年代初，基于复杂严峻的国际形势，为加强战略准备和调整工业布局，新中国做出了三线建设即由沿海向内地，由东部向西部纵深发展的战略部署。三线建设工业布局调整验证了新中国工业化的战略构想，东北在支援国家三线建设工业布局调整中取得了重要成就。

关键词： 三线建设　工业布局　战略构想　重要成就

在国民经济发展中，工业布局调整具有重大战略意义。20 世纪 60 年代初，面临复杂严峻的国际形势，新中国作出了三线建设①工业布局调整的重大战略部署，其核心是把西南和西北部分省区建设成为初具规模的战略大后方，调整国内工业布局，以应对潜在的战争威胁。1964 年 5 月，毛泽东主持了中共中央工作会议，做出了“集中力量、争取时间建设三线，防备外敌入侵”的战略决策，并要求搬家一线，加强二线、三线，以改善我国工业布局的战略部署。

---

* 基金项目：本文是沈阳英雄城市塑造专项课题“沈阳支援国家三线建设的贡献研究”（YXCS2022－02－08）的阶段性成果。

** 作者简介：黄巍（1977～），辽宁丹东人，辽宁社会科学院副研究员，历史学博士，研究方向：新中国东北工业史等。

① 一线指东北及沿海各省份；三线指云、贵、川、陕、甘、宁、青、晋、豫、鄂、湘 11 个省区，其中西南（云、贵、川）和西北（陕、甘、宁、青）俗称大三线；二线是指一、三线之间的中间地区；一、二线地区各自的腹地又俗称小三线。参见中共中央党史研究室编：《中国共产党的九十年（社会主义革命和建设时期）》，中央党史出版社、党建读物出版社 2016 年版，第 533 页。

一、三线建设工业布局调整验证了新中国工业化的战略构想

新中国成立前夕通过的《中国人民政治协商会议共同纲领》，明确规定要把我国“稳步地变农业国为工业国”① 作为奋斗目标，为即将诞生的新中国推动工业化建设指明了发展方向。新中国成立后，党从宏观战略角度规划全国的工业布局，在当时资金有限的条件下，要达到集中力量发展重工业的目的，就需要将有限的资源首先投向具有比较优势的区域和行业，以使稀缺的优势资源得到最优化的配置。通过最快速度布局和发展独立自主的新中国工业，以便将来为支援其他地区建立新工业基地做准备。

从新中国成立之初至“一五”计划时期，新中国采取了优先发展具有重工业比较优势东北地区的基本思路，其战略构想是先集中力量建设已有重工业基础的东北，建设好东北后再支援全国。为此，1950 年 3 月 3 日，毛泽东在中共中央东北局高级干部会议上指出：“东北是全国的工业基地，希望你们搞好这个工业基地，给全国出机器，出专家。我们现在从关内送一批知识分子来，以便将来给全国训练专家”。② 周恩来亦在这次会议上发表讲话，他肯定了先解放的东北在支援全国解放战争和在本地区经济恢复工作中的成绩，指出：“这次苏联给我国贷款的绝大部分，中央给了东北，这是因为东北经济建设的发展，对于全国影响是很大的，有局部然后才能有全国。”③ 新中国认为“最重要的是要在第一个五年计划期间基本上完成以鞍山钢铁联合企业为中心的东北工业基地的建设，使这个基地能够更有能力地在技术上支援新工业地区的建设。”④

1956 年 4 月，毛泽东根据国际形势变化，在《论十大关系》中强调应调整好沿海和内地工业之间的辩证关系，以使工业布局逐步平衡，“沿海的工业基地必须充分利用，但是，为了平衡工业发展的布局，内地工业必须大力发展”。⑤ 此后，根据毛泽东的建议，新中国除继续加强对东北工业基地的建设外，又加强了对既有工业基础优势明显的东部沿海华东区的工业基本建设投资，新中国在“二五”计划时期，对华东区的工业基本建设投资达到 20.7%，居全国各大区之首，比“一五”计划时期

---

① 中央档案馆编：《中共中央文件选集（一九四九）》第 18 册，中共中央党校出版社 1992 年版，第 585 页。

② 《毛泽东年谱（1949—1976）》第 1 卷，中央文献出版社 2013 年版，第 99 页。

③ 《周恩来年谱（1949—1976）》上卷，中央文献出版社 1997 年版，第 27 页。

④ 陈夕总主编：《中国共产党与 156 项工程》，中共党史出版社 2015 年版，第 415 页。

⑤ 《毛泽东著作选读》下册，人民出版社 1986 年版，第 723 页。

的12.3%有了大幅度的提升。[①] 到1962年，东北区、华东区工业企业固定资产原值占据全国各大区第一位、第二位，占全国比重分别为30.2%、21.8%。[②] 东北区、华东区工业的发展，为日后支援国家三线建设、调整全国工业布局奠定了坚实基础。

20世纪60年代初，国际形势异常复杂严峻，而当时中国的工业重心主要集中在东部大城市，没有可靠的国家战略大后方，备战问题摆到党的重要议程上来。为应对潜在的战争风险，新中国从调整工业布局和增强国防实力角度，作出了三线建设的重大战略部署，其目的就是要集中力量把西南和西北部分省区建设成为初具规模的战略大后方。1965年3月，周恩来在向中央书记处的汇报提纲中指出，“加快三线建设，是中央既定的方针，也是第三个五年计划的核心，三线的建设，必须充分依靠一、二线现有的工业基础。一、二线的工业固定资产约占全国的87%，财政收入约占全国的90%。一、二线应当为三线建设出人、出钱、出技术、出材料、出设备。一、二、三线要相互促进。”[③]

从新中国成立到“二五”计划时期，新中国从地域工业资源禀赋的优势角度出发，加大了对工业具有比较优势的东北区、华东区的布局投资，不仅直接推动了东北区、华东区工业基地的发展，也为日后东北区、华东区支援全国其他地区建立新工业基地做了良好的前期准备。从“三五”计划开始，东北区、华东区承担起支援三线建设主力军的任务，新老工业基地之间通过“三老带三新”，[④] 体现了新中国规划全国工业布局战略构想的前瞻性与远见性，推动了新中国的工业化进程，我国建立起独立的比较完整的工业体系和国民经济体系，中国工业布局重心由东北、东部沿海向西部腹地进行战略性转移，调整了中国工业布局不平衡状况，主观上完成了提升国家国防备战实力的主要任务，客观上对改革开放后经济战略布局的调整具有重大意义和深远影响。

二、东北在支援国家三线建设工业布局调整中的重要贡献

1964年5~6月，高度关注国家安全的毛泽东，从经济建设和国防建设的战略布局考虑，将全国划分为一线、二线、三线，提出三线建设问题。他说：“只要帝国主义存在，就有战争的危险。我们不是帝国主义的参谋长，不晓得它什么时候要打

---

①② 中国社会科学院、中央档案馆编：《1958—1965中华人民共和国经济档案资料选编（固定资产投资与建筑业卷）》，中国财政经济出版社2011年版，第943页。

③ 陈夕总主编：《中国共产党与三线建设》，中共党史出版社2014年版，第153页。

④ 指老基地带新基地、老工厂带新工厂、老工人带新工人。

仗。”[1] “我们把三线的钢铁、国防、机械、化工、石油、铁路基地都搞起来，那时打起仗来就不怕了。”[2] 此后，新中国史上著名的三线建设拉开帷幕，在三线建设中，加强东西部工业布局的战略调整，提升全国的国防实力成为重要的战略任务。

按照中央的战略部署，三线建设战略调整的方向是由东向西转移，建设的重点地区是西南、西北，搬迁调整的主要是国防工业和重工业。以东北区、华东区为代表的一线地区企业以“一分为二”或全迁的方式迁入西南、西北地区，如四川、贵州、云南、陕西、甘肃、宁夏、青海、湖北等十几个省、自治区，涉及行业广泛，主要包括军工、钢铁、机械、航空、化工、电力、医药等。

在支援国家三线建设中，东北支援力度之大，涉及行业之广，搬迁设备、援建人员之多，持续时间之长，在全国各省份中处于名列前茅的地位。据不完全统计，“至1965年，东北地区迁往内地和正在迁往内地的企业及技术支援项目共140个，调出约8万人。”[3] 1965年，在国家计委批准的第一批搬迁至西北的工业企业建设项目中，仅冶金项目在东北的就有5项，人员10850人，占当年冶金部支援西北地区总人数的86.8%。[4] 东北机械工业在全国处于领先地位，其中，“一机系统全国45个3000人以上的大型企业，东北就占20个；全国拥有的重型稀有机床约300台，40%在东北。”[5] 1965年，东北迁往西北的仅一机部就有12项，支援人员4430～4530人，占当年一机部支援西北地区总人数的58.5%。[6]

1964年5月，按照国家的统一安排和东北局的具体部署，辽宁省成立了三线建设领导小组，各地区、各企业、各部门也委派了干部，专门负责三线建设工作。从1964年下半年至1965年初，辽宁将沈阳轮船厂、沈阳油漆厂、沈阳油脂化学厂、大连油漆厂、大连化工厂、锦西化机厂的力车胎、特种油漆、二甲苯胺、浓硝酸、中压阀门等产品和生产设备迁往云南昆明、贵州都匀、甘肃兰州等西南、西北地区建厂和扩建车间。从1964～1970年，辽宁省陆续迁往大三线的职工多达99800人，随迁家属156600人。[7]

辽宁支援三线建设的企业基本都是当时实力最强的企业，设备基本都是最新技术成果，如沈阳飞机制造公司开始援建成都飞机制造公司、贵州航天控制技术有限公

---

① 张神根、张偘著：《百年党史——决定中国命运的关键抉择》，人民出版社2021年版，第77页。

② 逄先知、金冲及编：《毛泽东传（1949～1976）》（下），中央文献出版社2003年版，第1362页。

③ 王永华：《主政东北时期的宋任穷》，载《世纪桥》2009年第6期，第43页。

④ 陈夕总主编：《中国共产党与三线建设》，中共党史出版社2014年版，第110～114页。

⑤ 中国社会科学院、中央档案馆编：《1958—1965中华人民共和国经济档案资料选编（工业卷）》，中国财政经济出版社2011年版，第570页。

⑥ 陈夕总主编：《中国共产党与三线建设》，中共党史出版社2014年版，第110～115页。

⑦ 辽宁省地方志编撰委员会办公室主编：《辽宁省志·大事记》，辽海出版社2006年版，第431页。

司，为贵航11个厂所配备了全套人员，并将技术资料支援给贵航，做到了全面包、包到底。沈阳黎明机械厂先后对内地两个航空工业基地实行包建、包迁、包投产，从设备、技术和管理上给予全面支援。从1958～1976年，沈阳黎明机械厂先后支援内地大、小三线厂各类人员8880人，机床设备118台，工模具12598套（件）。[①] 还有如沈阳低压开关厂[②]抽调了500余人和130台优质设备去甘肃省天水市，建成了长城控制电器厂。1970年，该厂调79台设备和50名职工支援河南开关厂。[③] 此后，沈阳低压开关厂又先后派出大量干部、工程技术人员和工人支援河南鹤壁、四川德阳以及西安、新疆等地的开关厂建设。当时支援三线建设的沈阳企业还有沈阳电动工具厂、沈阳微电机厂、沈阳机器厂、沈阳化工研究院、沈阳第四橡胶厂等。其中，沈阳电动工具厂、沈阳微电机厂的部分设备和人员迁往青海西宁；沈阳化工研究院的部分生产项目和沈阳机器厂的部分设备和人员迁往四川；沈阳第四橡胶厂生产特种橡胶杂品的部分设备和人员迁往陕西咸阳，并入西北橡胶厂。

吉林长春第一汽车制造厂承担了支援中国第二个汽车工业基地湖北十堰第二汽车制造厂的建设重任，从1965～1970年，一汽“抽出4000多人支援二汽，其中大学本、专科毕业的干部919人（包括工程技术人员596人），老技工2888人。”[④] 从1965年开始，黑龙江省“有12个军工企业承担支援国家大三线建设的任务。先后包建支援了贵州、江西、湖北、四川、内蒙古、山西、陕西、河北、甘肃等210多个单位，共支援设备3389台以及工程技术人员、管理干部和熟练技工16096人。”[⑤]

1964年，周恩来在讨论第三个五年计划中如何平衡一线、二线、三线的建设问题时说，“如何把一个上海变成三个、四个、五个，最后变成十七八个，用二分法把它分出去，上海的城市既不至于扩大，又能帮助别的地方发展起来，这样做大量的工作，东北也是一样。”[⑥] 地处华东区的上海是全国最大的工业基地之一，上海在支援国家三线建设中同样发挥了重要作用，仅1965年，“上海市在内迁支援三线建设的工

---

① 沈阳市人民政府地方志编纂办公室：《沈阳市志·军事工业》第六卷，沈阳出版社1992年版，第213页。

② 沈阳低压开关厂始建于1936年，产品主要是电话机、交换机、广播及无线电收报机、移动式通信设备和其他与电气设备有关的精密仪器等。新中国成立以后开始生产有线单机和总机，修理无线电收发报机。1958年，该厂工程技术人员自行设计、研制、开发并生产了全国第一套CJ8系列交流接触器和JR8系列热继电器，结束了此类产品的进口，同时生产出全国第一套750/550轧钢机成套电器控制设备，在同类企业中技术处于领先地位。

③ 沈阳市人民政府地方志办公室编：《沈阳市志·工业综述·机械工业》第三卷，沈阳出版社2000年版，第273页。

④ 刘敬之、王忠禹主编：《当代中国的吉林》（上），当代中国出版社1991年版，第349页。

⑤ 陈雷、侯捷主编：《当代中国的黑龙江》（上），当代中国出版社1990年版，第298页。

⑥ 周恩来：《关于第三个五年计划的的若干问题》，载《党的文献》1996年第3期，第16页。

厂多达102个，迁出职工4万人，迁出的主要是钢厂、机械、仪表、电机等重工业企业。”① 1966年，“计划内迁工厂198个、职工31974人、设备12482台。”②

三、三线建设工业布局调整的重要成就

三线建设历经3个五年计划，在1964年经中央决策后，1965年开始全面规划并逐步展开，可以说，三线建设的规模之大，时间之长，动员之广，行动之快，在中国建设史上都是空前的。“从1965年到1980年，中国在11个省、自治区开展的‘三线’建设，历经了3个五年计划，共投入2050多亿元资金，几百万人力、安排了几千个建设项目。到70年代末，共形成固定资产原值达1400亿元，约占当时全国的1/3。”③

这一历史时期，以东北区、华东区为代表的一线地区在人才、技术、设备和科研院所等方面对三线地区的全力支援，使三线地区工业取得较快发展，到1975年，“‘三线’地区的11个省、自治区全民所有制工业固定资产原值，在全国全民所有制工业固定资产原值总额中所占比重，由1965年的32.9%上升到35.3%”。“全国将近1500家大型企业，‘三线’地区占到40%以上。”④ “三线地区共建成钢铁企业984个”，“三线地区工业固定资产原值1980年比1964年增长了4倍”。⑤

三线建设推动了西部地区的工业化进程，西部地区工业总产值在全国的比重有了很大提升，“1952年只占9.61%，重工业占9.56%；经过全面三线建设，到1978年西部工业已经占全国13.26%，重工业占14.76%。”⑥ “到20世纪70年代末，共形成固定资产原值达1400亿元，约占当时全国的1/3。”⑦三线建设初步改变了我国东西部工业布局不平衡的状况，“东部地区与西部地区工业、重工业总产值的比例，已经从1952年的约7∶3，变为1978年的约6∶4。”⑧

三线地区初步建立起了门类比较齐全的工业生产体系，建立起了国防工业、基础工业为主的近2000个大中型企业以及交通、科研院所等基础设施，以国防科技工业为重点的大型生产科研基地相继建成，以重庆为中心的常规兵器工业基地，四川、贵州、陕西、鄂西等地的航空工业基地，四川、贵州等地的电子工业基地，四川、陕西

①② 徐有威、陈熙：《三线建设对中国工业经济及城市化的影响》，载《当代中国史研究》2015年第4期，第88页。

③⑦ 董辅礽：《中华人民共和国经济史》（上），经济科学出版社1999年版，第550页。

④ 董辅礽：《中华人民共和国经济史》（上），经济科学出版社1999年版，第551页。

⑤ 徐有威、陈东林：《小三线建设研究论丛》第1辑，上海大学出版社2015年版，第42页。

⑥ 魏后凯：《21世纪中西部工业发展战略》，河南人民出版社2000年版，第51页。

⑧ 陈东林：《三线建设——备战时期的西部开发》，中共中央党校出版社2003年版，第417页。

等地的战略武器科研生产基地，长江中下游地区的船舶工业基地等。西南、西北、中南地区形成了诸多工业区，如四川的成渝工业区，川滇黔结合部的川滇黔工业区，陕西的关中工业区，甘宁青结合部的兰州—天水—银川—西宁工业区，湖北的鄂西工业区等。

三线建设不但推动了新中国的工业化进程，同时也推动了城市化进程，三线地区产生了诸多工业城市，如新建城市四川渡口（攀枝花）、贵州六盘水、甘肃金昌、湖北十堰，并形成了新兴工业城市近百个，如四川的德阳、绵阳、江油、广元、自贡、宜宾、泸州、乐山、峨眉等；贵州的遵义、安顺、都匀等；陕西的宝鸡、咸阳、渭南、铜川、汉中、韩城等；甘肃的天水、玉门、酒泉、嘉峪关、张掖、武威等；宁夏的石嘴山、吴忠、青铜峡等。同时，重庆已经发展成为三线地区最大的综合性工业城市，成都、贵阳、昆明、西安、兰州、西宁、银川都已成长为新中心城市。

参考文献

[1] 中央档案馆，中共中央研究室．中共中央文件选集（1921—1949）[M]．北京：中共中央党校出版社，1992.

[2] 中共中央文献研究室．毛泽东年谱（1949—1976）[M]．北京：中央文献出版社，2013.

[3] 中共中央文献研究室．毛泽东著作选读 [M]．北京：人民出版社，1986.

[4] 中共中央文献研究室．周恩来年谱（1949—1976）[M]．北京：中央文献出版社，1997.

[5] 周恩来．关于第三个五年计划的若干问题 [J]．党的文献，1996（03）：15－19.

[6] 中国社会科学院，中央档案馆编：1958—1965 中华人民共和国经济档案资料选编（固定资产投资与建筑业卷）[M]．北京：中国财政经济出版社，2011.

[7] 中国社会科学院，中央档案馆编：1958—1965 中华人民共和国经济档案资料选编（工业卷）[M]．北京：中国财政经济出版社，2011.

[8] 中共中央党史研究室编．中国共产党的九十年（社会主义革命和建设时期）[M]．北京：中央党史出版社、党建读物出版社，2016.

[9] 董辅礽．中华人民共和国经济史 [M]．北京：经济科学出版社，1999.

[10] 刘敬之，王忠禹．当代中国的吉林（上、下）[M]．北京：当代中国出版社，1991.

[11] 陈雷，侯捷．当代中国的黑龙江（上、下）[M]．北京：当代中国出版社，

1990.

[12] 陈夕. 中国共产党与156项工程 [M]. 北京: 中共党史出版社, 2015.

[13] 陈夕. 中国共产党与三线建设 [M]. 北京: 中共党史出版社, 2014.

[14] 陈东林. 三线建设——备战时期的西部开发 [M]. 北京: 中共中央党校出版社, 2003.

[15] 徐有威, 陈东林. 小三线建设研究论丛 [M]. 上海: 上海大学出版社, 2015.

[16] 辽宁省地方志编撰委员会办公室主编. 辽宁省志·大事记 [M]. 沈阳: 辽海出版社, 2006.

[17] 沈阳市人民政府地方志编纂办公室. 沈阳市志·军事工业 [M]. 沈阳: 沈阳出版社, 1992.

[18] 沈阳市人民政府地方志办公室. 沈阳市志·工业综述·机械工业 [M]. 沈阳: 沈阳出版社, 2000.

[19] 魏后凯. 21世纪中西部工业发展战略 [M]. 郑州: 河南人民出版社, 2000.

[20] 徐有威, 陈熙. 三线建设对中国工业经济及城市化的影响 [J]. 当代中国史研究, 2015 (04): 81-92+127.

[21] 王永华. 主政东北时期的宋任穷 [J]. 世纪桥, 2009 (06): 41-45.

Strategic Conception and Important Achievements of Industrial Layout Adjustment of Third Line Construction

Huang Wei

Abstract: Before the founding of new China, most of China's industrial enterprises were concentrated in coastal cities and mainly distributed in Northeast and East China. This unbalanced industrial layout is not conducive to coping with the danger of war. In the early 1960s, based on the complex and severe international situation, in order to strengthen strategic preparation and adjust industrial layout, new China made a strategic deployment of the third line of construction, namely, from the coast to the interior, and from the east to the West. The industrial layout adjustment of the third line construction has verified the strategic concept of industrialization in New China. Northeast China has made important contributions to supporting the industrial layout adjustment of the national third line construction, and the industrial layout adjustment of the third line construction has made important achievements.

Keywords: Third line construction　Industrial layout　Strategic conception　Important achievements

数字经济助推辽宁经济创新发展问题研究*

张微微　王　媛　刘恩如**

摘　要：数字经济是以数据为核心生产要素，其具有的密集型知识创造特征正作用于生产的各环节中，伴随着由此带来的信息生产与传播效率的提高，打破了传统要素市场的束缚，这种广泛的“赋能效应”正在重塑经济结构，减少资源错配并推动了创新资源配置的方式。数字经济正成为技术进步、经济结构优化和效率提升的重要动力，对一个区域经济的发展水平起着决定性作用，这种作用不仅体现在数字经济增加值占GDP的比重上，更主要体现在数字经济对高质量经济发展的作用上。辽宁近几年推出多项规划要大力发展数字经济，但仍存在制约其创新发展的问题亟待解决，因此本文拟基于辽宁数字经济发展的现状分析，通过核算辽宁数字经济发展指标，实证检验其与辽宁经济发展的相关关系，综合分析辽宁数字经济发展存在的主要问题，并据此提出助推辽宁数字经济创新发展的对策建议。

关键词：数字经济　创新发展　辽宁经济

一、引　言

根据中国信通院发布的《中国数字经济发展白皮书（2021）》显示，2020年我国数字经济的发展规模已经达到39.2万亿元，占到GDP比重的38.6%，列居世界第二位。在此背景下，辽宁加快了推进数字经济发展的步伐。辽宁省政府于2020年12月

* 基金项目：国家社会科学基金一般项目“资源错配视角下东北地区全要素生产率损失问题研究”（20BJY106）。

** 作者简介：张微微（1982～），女，辽宁沈阳人，副教授，博士，硕士生导师，研究方向：区域经济发展；资本市场；王媛（1997～），女，吉林白山人，辽宁大学新华国际商学院硕士研究生，研究方向：跨国公司管理；刘恩如（1999～），女，辽宁朝阳人，辽宁大学新华国际商学院硕士研究生，研究方向：文化创意产业管理。

发布了《数字辽宁发展规划（1.0版）》，2021年10月又发布了《数字辽宁发展规划（2.0版）》，进一步明确了辽宁数字经济发展目标，计划到2025年实现大数据、云计算、互联网+、人工智能成为辽宁发展新经济增长点的重要支撑。

2022年3月召开的十三届全国人大五次会议中，将发展数字经济提到了重要位置，其中产业数字化转型、数字乡村、工业互联网、人工智能是重点关注领域，数字经济已然成为国家重要战略发展目标。辽宁作为东北的核心省会，承担着东北振兴发展的重要使命，2021年“沈阳数字经济产业大厦”项目顺利推进，推动“数字产业化、产业数字化”为核心数字经济的大力发展，预示着辽宁在推动实现数字赋能区域振兴将发挥重要作用[1]。

二、辽宁数字经济发展的现状分析

（一）政策支持下的基建设施建设实现稳步推进

2020年9月，赛迪工业和信息化研究院公布的《2020中国数字经济发展指数（DEDI）》显示，在传统基础设施方面，辽宁属于第三梯队，基础设施指标得分未能达到平均水平，在4G网络及农村互联网普及率方面均处于中低水平；在新型数字经济基础设施方面，辽宁属于第二梯队，较比传统基础设施建设排位有所上升，归因于“新基建”政策及重点项目的推行，从总体效果来看，辽宁的新型数字经济发展基础设施排名13位，位列第二梯队，仍较第一梯队的发展水平要低很多。

（二）产业数字化升级效果初现

辽宁通过大力推进产业数字化，运用人工智能、大数据等新一代数字技术为“老字号”等传统产业助力实现数字化转型升级。加强重点行业的创新与融合发展，建设协同研发的企业发展平台，产业链上下游及网络众包等协同模式的设计研发，加快数字技术与工业技术的创新融合，实现了工业机器人产业在全国的领跑水平，抢占市场份额超过了20%。国家电子商务示范城市中沈阳有幸获批，也成为国家跨境电子商务试验综合区。正是通过利用数字技术推动升级改造，实现了电子商务、智慧金融、智慧物流、智慧旅游、智慧养老等业态的综合发展。

（三）数字产业化发展尚处于爬坡阶段

数字经济持续增长依赖数字产业化作为其强劲动能，已经成为衡量各区域数字经济发展水平的一个首要指标。辽宁的产业数字化略优于数字产业化的发展，从数字产业化的规模上来看，处于中下游水平，辽宁的数字产业化主要以软件服务业为主，而电子制造与硬件制造产业上都较为薄弱。沈阳大数据、云计算、人工智能、区块链是辽宁数字产业化发展新的增长点，华为 VR 云创新中心在沈阳上线运营，沈阳国际软件园获得了“2019 年全国影响力园区”殊荣，并连续 3 年被评为“中国最具活力软件园”，园区内共有 6 家企业入选“国家重点规划布局内软件企业，辽宁数字产业化发展虽然强劲有力，但仍处于爬坡阶段[2]。

三、辽宁数字经济创新发展的实证分析

本文通过对辽宁数字经济指标的核算，考核数字经济发展与辽宁经济发展的相关关系，并引入创新发展指数，考核创新发展对于数字经济影响辽宁发展的中介效应。

（一）指标选择及测算

1. 辽宁经济发展指标

以全要素生产率（TFP）作为被解释变量衡量辽宁经济发展水平。本文采用非参数法的 Malmquist 指数法，测算时所用的产出值选取以 1978 年为基期测算的辽宁实际 GDP；投入值以资本和劳动投入值测算，其中资本测算采取永续盘存法，以 1952 年为基期，通过固定资本形成总额与固定资产投资的价格指数进行测算，劳动则以就业人员总数进行测算。

2. 数字经济发展水平

数字经济发展水平（DEI）是解释变量，目前学术界对数字经济的衡量逐渐从单一指标发展为综合指标，本文借鉴杨慧梅（2021）[3]等学者的测量方法，根据国家统计局发布的《数字经济及其核心产业统计分类（2021）》中的数据和指标，立足于中国信通院发布的《中国数字经济发展白皮书（2020 年）》明确指出的数字经济已经进入了“四化”协同发展的新阶段，因此本文综合“四化”——数字产业化、数据价值化、产业数字化和数字化治理四个方面来构建数字经济评估体系对数字经济进行综合测算。其中，第一、第二、第三产业增加值数据来自《城市统计年鉴》，其他数据来自《中国互联网络发展状况统计报告》。具体测算方式上，首先，通过主成分分析法对辽宁数字经济发展水平的衡量指标构建，此方法是一种多元统计分析方法，可以利用降维思想确定数据自身特征权重；其次，将多个变量转化为少数几个具有代表性的综合变量（主成分），这样可以避免主观随机因素带来的干扰，也可以将各变量在量纲化和数量级上的差别消除，实现了克服单一变量可能产生的信息缺失问题，将复杂的统计数据简化处理；最后，根据综合得分模型，计算得出辽宁数字经济发

展水平。

3. 创新发展

本文采用创新效率（INOV）为中介变量，采取随机前沿分析方法（SFA）对辽宁创新过程中的效率水平进行测算，参照白俊红等（9200）[4]的核算方法，创新投入采取永续盘存方法核算的研发资本存量及按全时人员和非全时人员的工作量折算的总人员数进行测算；创新产出则采取专利授权量进行测算。

4. 控制变量

本文选取的控制变量包括经济发展水平、人力资源水平、交通基础设施水平和对外开放程度。经济发展水平（ED）采用辽宁人均 GDP 来衡量；人力资源水平（urban）选用辽宁每十万人口普通高等学校平均在校生人数测算；交通基础设施水平（infra）通过“（铁路里程 + 公路路程 + 内河航里程）/国土面积”衡量辽宁交通基础设施的发展程度；对外开放程度（trade）选取辽宁进出口贸易额占 GDP 的比重衡量对外开放程度；政府支持水平（GT）：政府的支持是数字经济发展水平提高的一个重要因素，政府可以通过加大基础设施建设来体现其对数字经济发展的支持力度，本文选取铺设光缆线路占区域面积的比值大小，衡量政府的支持水平。

5. 数据来源及描述性统计

本文所使用的数据来自 2010 ~ 2020 年辽宁统计局发布的《统计年鉴》及中国互联网信息中心发布的《中国互联网络发展状况统计报告》《中国数字经济发展白皮书（2020 年）》和国家统计局发布的《数字经济及其核心产业统计分类（2021）》，对辽宁省 14 个地级市进行统计分析，本文所涉及的变量描述性统计如表 1 所示。

表 1　变量描述性统计

变量类型	变量	代码	观察个数	均值	标准差	最小值	最大值
被解释变量	全要素生产率	TFP	154	0.9767	0.0219	0.9460	0.9980
解释变量	数字经济发展水平	DEI	154	0.2136	0.0235	0.1609	0.2495
中介变量	创新效率	INOV	154	0.1101	0.0291	0.0716	0.1574
控制变量	区域经济发展水平	ED	154	4.6609	0.0792	4.5036	4.7699
	人力资源水平	urban	154	0.6742	0.0270	0.6210	0.7215
	交通基础设施水平	infra	154	0.8529	0.3109	0.4679	1.2645
	对外开放程度	trade	154	4.0995	0.3309	3.3467	4.5269
	政府支持	GT	154	7.0251	6.8560	0.3071	23.7217

（二）模型构建

$$TFP_{it} = \alpha_0 + \alpha_1 DEI_{it} + \beta_1 control_{it} + \varepsilon_{it} \quad (1)$$

$$INOV_{it} = \alpha_0 + \alpha_1 DEI_{it} + \beta_1 control_{it} \quad (2)$$

$$TFP_{it} = \alpha_0 + \alpha_1 DEI_{it} + \alpha_2 INOV + \beta_1 control_{it} \quad (3)$$

其中，TFP_{it}，DEI_{it}，$INOV_{it}$表示辽宁在 t 时期的全要素生产率，数字经济发展水平和创新发展，α_0 表示系数，control 表示控制变量，ε_{it}为随机扰动项。其中，式（1）是估计 TFP_{it}与 DEI_{it}之间关系，式（2）是估计 DEI_{it}对 $INOV_{it}$的影响，式（3）是验证 $INOV_{it}$的中介效应影响。

（三）回归结果分析

根据对计量模型（1）进行 OLS 回归分析，结果见表 2 的第（1）列所示，整体显著性与拟合程度均较好，DEI_{it}对 TFP_{it}的系数为 0.198，在 5% 显著性水平上显著，表明数字经济发展对全要素生产率存在明显的正向促进作用。表 2 的第（2）列是对模型（2）回归结果，DEI_{it}对 $INOV_{it}$的系数为 0.552，在 1% 显著性水平上显著，表明数字经济发展对创新发展存在明显的正向促进作用，这也验证了可以进行中介效应检验的前提是存在的。

表 2　　回归结果分析

变量	模型（1）	模型（2）	模型（3）
	TFP	INOV	TFP
DEI	0.198** （2.55）	0.552*** （3.75）	0.087** （2.03）
INOV			0.016*** （2.17）
ED	0.031* （1.53）	0.590* （1.54）	0.046 （0.79）
urban	0.057** （2.07）	0.086 （0.56）	0.055** （1.99）
trade	0.080** （2.00）	1.122*** （5.71）	0.051 （1.26）

续表

变量	模型（1）	模型（2）	模型（3）
	TFP	INOV	TFP
infra	0.020*** （2.98）	0.152*** （3.70）	0.016** （2.31）
GT	0.081*** （7.30）	0.264*** （11.43）	0.092*** （8.08）
Constant	0.234* （1.22）	-3.592*** （-2.63）	0.327* （1.73）
Observations	154	154	154
R - squared	0.703	0.668	0.625

注：***、** 和 * 分别表示在 1%、5% 和 10% 的显著性水平。

表 2 的第（3）列是对模型（3）回归结果，DEI_{it}对 TFP_{it}的系数为 0.087，在 5% 显著性水平上显著，系数要低于模型（1）的回归系数，说明中介效应起到了作用。$INOV_{it}$对 TFP_{it}的系数为 0.016 在 1% 显著性水平上正向显著。综合第（1）、第（2）、第（3）列表明数字经济发展促进了创新水平提高，并通过提高创新水平实现了全要素生产率增长。控制变量在三个模型下均较为显著，说明经济发展水平、人力资源水平、对外开放水平、交通基础设施和政府支持在数字经济影响全要素生产率上存在较为显著的调节作用。

根据回归结果可以看出，辽宁数字经济发展对区域内经济发展起到了正向的促进作用，并且数字经济发展促进了辽宁的创新水平提高，数字经济发展通过创新发展带动经济的持续增长。

四、辽宁数字经济创新发展面临的问题分析

（一）数字经济发展指数水平较低

2020 年 9 月，赛迪工业和信息化研究院公布的《2020 中国数字经济发展指数（DEDI）》中指出，辽宁省以数字经济指数值 23.5 位居 31 个省份中的第 20 位，不足排名第一的广东省数字经济指数值 65.3 的 1/2，也远低 31 个省份数字经济指数平均值 29.6，说明辽宁省的数字发展水平尚处于较低水平。并且，辽宁省数字经济 2020 年的排名相比于 2019 年的排名降低了 7 位，说明辽宁省数字经济发展未能形成增长

局面，在全国来看，数字经济发展在省会城市中也较为落后。

（二）数字经济的法律监管及治理机制尚不完善

辽宁近年来为了打造“数字辽宁”，出台了多项政策以推动建设“数字辽宁”的发展，通过引进多方社会资本为数字经济的发展创造了新机遇。然而，与蓬勃发展的数字技术市场的规则制定未能及时匹配，包括尚待完善的法律法规体系、数字信息安全管理存在漏洞、数字产权制度不健全等缺陷随之暴露出来。数字经济这种新型经济形式带给传统政府的监管体系以全新的挑战及更高的要求。进一步提升并加强监管规制能力，坚决打击垄断及不正当竞争行为，这些做法正体现着辽宁在规则制定过程中存在的问题及亟须改进的内容。

（三）数字经济人才储备不足

数字经济持续发展的一个核心驱动要素就是人才储备，加大数字经济人才的培养力度，方能在数字经济竞争背景中赢得胜利。辽宁目前存在两方面问题，一是引进力度不够。数字的人才储备往往与数字经济发展程度高低保持较高的一致性，数字经济发达地区对人才也更有物质上和非物质上的吸引力。目前数字经济发展总体呈现“南强北弱”的态势，辽宁数字经济发展相比数字经济发达地区仍属于落后状态，对人才的引进力度较低。二是人才缺口较大。伴随着互联网、数字技术逐渐渗透到传统产业中，新产业和新业态不断涌现和发展起来，尤其是在新冠肺炎疫情背景下，跨境电商、在线教育等岗位的用人需求在急速增长，而数字化人才却供不应求，形成了数字经济领域人才缺口较大的局面。

五、数字经济助推辽宁经济创新发展的对策建议

（一）加强政府引导，充分利用社会资本和高校的支持

辽宁发展数字经济的规划中，需要通过政府主导，引导社会和市场多元主体积极共同参与来实现振兴发展。发展数字经济需要进行全方位、深层次、多维度的建设过程，要实现产业数字化在工业互联网的助力下顺利升级，并加快将这个改造周期缩短，政府需要持续地坚持投资不动摇，在政策上大力支持兴建数字技术配套设施，助力社会资本投资互动平台的搭建，多方面给予更多优惠。目前，已经有越来越多的互联网企业进军沈阳装备制造业，可以首先筛选好的工业互联网企业苗子，通过建立起动态机制网络，重点扶持基础好、潜力佳的重点企业，全面带动省内工业互联网企业

共同发展。另外，校企合作实现科研成果转化的效应日益显现，校企合作可成为辽宁数字化转型的一个重要内生动力[5]。

（二）完善数字经济市场监管体系，实现安全发展

完善数字经济市场监管体系，为实现数字经济安全发展创造良好的法治环境，一是要加强数字化监管水平的提高[6]。从多层次加强对数字经济运行情况的评估，包括将政府、行业及企业纳入维度，扩大检测及数据采集范围，实现全方位的监管网络。二是完善网络平台的管理。一方面从使用者的自律意识培养方面，要推行统一的互联网使用公约与准则，服务标准公开化；另一方面从提供者角度，要提供安全的平台环境，并推行资源提供者与使用者二者结合的监管空间，定期开展社会层面的共同参与下的监管活动。三是加强保护数据安全，维护网络绿色使用环境。整合省内的安全技术力量，搭建起安全保障联盟体现，既要落实国家相关安全保护等级要求，还要普及推广安全技术应用手段，为互联网安全发展营造良好环境。

（三）加强数字人才培育和引进，逐步实现良性循环

发展数字经济，辽宁要重视人才培育和引进，一方面要规划长远且有效的人才发展，细化人才引进和培养的目标，建立完善的人才储备体系，具体措施上引入高端人才住房提供方案、开通高层次人才职称评审绿色通道等措施为人才发展提供保障[7]；另一方面要积极推进创新人才推进计划、“兴沈英才”计划等，并将计划落到实处，通过提高人才支持力度的项目实施，将人才储备充足以实现数字经济推进发展，支持和鼓励企业通过具体项目引进人才，“项目＋团队”的“带土移植”方式强化人才与项目共同培育，省内高校可以依据现有优势率先进行。再者，还要加大自我培养力度，通过邀请海内外专家学者开展相关技术的培训，培育已有人才向数字经济复合型人才的转化速度，通过人才平台线上线下全方位网络的搭建，助力技术研发与落地应用之间形成良性循环。

（四）发挥数字化驱动效应，实现区域间协同创新发展

加快数字经济和实体经济的融合速度，充分发挥数字经济的创新驱动作用。一方面加强数字经济赋能传统产业的力度，加快企业的信息化进程来驱动企业的技术创新；另一方面通过大数据、互联网、物联网、云计算等新技术的应用，在创新模式和创新体系上突破，通过创新效率的提高优化资源配置进而带动全要素生产率提高。由于数字经济发展区域存在差异性，东部地区发展水平要高于中西部地区，辽宁可利用东部地区的数字经济资源，整合东部乃至全国范围内的要素资源，突破经济发展的资

源瓶颈及路径依赖，大力发展移动互联网、大数据和云计算等新兴产业助推创新带动下经济高质量发展，尽快将短板补齐，将后发优势转化为产业和发展优势，推动资源优化配置，实现协同创新发展。

参考文献

[1] 王东升．数据大脑推进沈阳数字经济发展途径思考［J］．质量与市场，2020（11）：43－45.

[2] 胡旺阳，徐利，宋庆荔．发展数字经济拉动辽宁软件产业实现新突破的对策研究［J］．辽宁经济，2022（01）：30－36.

[3] 杨慧梅，江璐．数字经济、空间效应与全要素生产率［J］．统计研究，2021，38（04）：3－15.

[4] 白俊红，江可申，李婧．中国地区研发创新的相对效率与全要素生产率增长分解［J］．数量经济技术经济研究，2009，26（03）：139－151.

[5] 滕菲．数字经济支撑辽宁经济高质量发展的路径研究［J］．辽宁省社会主义学院学报，2021（03）：87－90.

[6] 向数晴，刘馨琪，况垚池，赵小卓．“双循环”格局下数字经济助力辽宁振兴［J］．商场现代化，2022（01）：186－188.

[7] 滕菲．发展数字经济，培育辽宁全面振兴新动能［J］．今日财富，2019（21）：192.

Research on the Innovation Development of Liaoning's Economy Promoted by Digital Economy

Zhang Weiwei　Wang Yuan　Liu Enru

Abstract: The digital economy takes the data as the core factor of production, and its intensive knowledge creation features are affecting all the links of production, along with the improvement of the efficiency of information production and dissemination, breaking the shackles of traditional factor markets, this broad "Enabling effect" is reshaping the economic structure, reducing resource misallocation and promoting innovative ways of allocating resources. Digital Economy is becoming an important driving force for technological progress, economic structure optimization and efficiency promotion, and plays a decisive role in the development level of a regional economy, which is not only reflected in the proportion of added value of digital economy to GDP, more mainly reflected in the digital economy on the role of high-quality economic development. In recent years, Liaoning has put forward many plans to develop the digital economy vigorously, but there are still some problems to be solved, which restrict the development of the digital economy, this paper analyzes the main problems in the development of digital economy in Liaoning Province by checking the correlation between the Development Index of Digital Economy in Liaoning Province and the economic development of Liaoning Province, based on this, the paper puts forward some countermeasures and suggestions to promote the development of digital economy innovation in Liaoning Province.

Keywords: digital economy　innovative development　Liaoning economy

基于经济发展新动能视角的辽宁高技术制造业高质量发展研究*

许悦雷　艾政希**

摘　要：经济发展新动能是推动经济高质量发展的核心。中国共产党十九届六中全会提出，在经济建设上我国经济要迈上更高质量、更有效率、更加公平、更可持续、更为安全的发展之路。面对辽宁高技术制造业整体经济发展新动能处于衰减的状态，本文采用理论与实证相结合的分析方法，使用2013～2020年辽宁高技术制造业相关数据对辽宁高技术制造业的新动能进行测量，并运用Forster等的分解方法对辽宁高技术制造业新动能进行分解。结果显示，辽宁高技术制造业整体规模显现出收缩状态，工业总产值、利润率、雇佣劳动都在减少，经济发展新动能转化将面临困难。

关键词：高技术制造业　辽宁　经济新动能　全要素生产率

一、引　言

经济发展新动能是推动经济高质量发展的核心[1]。中国共产党十九届六中全会提出，在经济建设上我国经济要迈上更高质量、更有效率、更加公平、更可持续、更为安全的发展之路。针对辽宁经济的高质量发展问题，习近平总书记在东北视察时指出，要发展集战略性新兴产业和先进制造业于一身的高端装备制造业，培育新兴装备

* 基金项目：2021年度辽宁省教育厅科学研究经费项目“经济发展新动能背景下辽宁高技术制造业发展研究”（LJKR0046）。

** 作者简介：许悦雷（1980～），男，辽宁大连人，辽宁大学日本研究所副研究员，研究方向：经济改革与发展研究；艾政希（2002～），男，辽宁沈阳人，大连海洋大学海洋渔业科学与技术专业。

制造产业集群。① 习近平总书记在深入推进东北振兴座谈会上再次强调，辽宁要深度融入共建“一带一路”，建设开放合作新高地，以培育壮大新动能为重点，激发创新驱动内生动力。②

2020 年辽宁省委和省政府按照统筹推进“五位一体”总体布局，协调推进“四个全面”战略布局，坚持稳中求进工作总基调，坚持五大发展理念，坚持推动经济高质量发展。经济发展新动能是近年来学者们关注的重要议题，学者们研究发现辽宁产业在向新动能转化的过程中主要存在两大问题。一是创新体系不够完善。辽宁仍需要进一步深化科技体制改革，加强现代化服务设施建设和专业化人才队伍建设，为创新创业者提供全面服务，巩固区域优势产业的引领和示范作用，不断提升辽宁自主创新能力，促进科技创新服务体系逐渐完善[2]。二是企业的自主创新能力需提升。目前，我国在技术创新与科技成果转化方面存在较多问题，在制度环境方面尤为如此。从企业角度而言，行业的科技创新与推广的主要问题在于体制方面；从政府角度而言，主要问题在于政府角色的错位以及并没有很好地发挥协调组织作用；从高校角度而言，高校的研究结果停留在象牙塔内，与实际脱离较远，难以转换；从科技中介角度而言，很难构筑起信任关系，或者说很难形成信任关系的基础。对制度、组织进行改革创新是解决问题的根本途径[3]。

从实际情况来看，从经济发展新动能角度对辽宁高技术制造业经济发展新动能进行研究的文献相对不足，较多学者只是从创新、创业的角度对辽宁的创新状况进行了论述。鉴于此，本文主要以技术效率为理论依据，从经济发展新动能视角通过理论和实证两个层面研究辽宁高技术制造业经济发展新动能问题。对于辽宁高技术制造业新动能发展的研究，有利于辽宁持续加强国际化营商环境建设及推动高技术制造业的高质量发展，有利于深化供给侧结构性改革，推进创新驱动发展，有利于辽宁经济更有效率、更加公平、更可持续性地发展。

二、辽宁高技术制造业发展概况

高质量发展要注重从供给侧发力，通过优化经济结构提升经济稳定性。因此，对辽宁高技术制造业结构的关注十分重要。根据辽宁省政府近期印发的《辽宁省建设具有国际竞争力的先进装备制造业基地工程实施方案》，辽宁省将围绕做优做强航空

---

① 中共中央文献研究室：《习近平关于科技创新论述摘编》，中央文献出版社 2016 年版，第 93 页。

② 新华日报编：《新中国 70 年大事记（1949. 10. 1 - 2019. 10. 1）》（下），人民出版社 2020 年版，第 1900 页。

装备、海工装备及高技术船舶、节能汽车与新能源汽车、重大成套装备，发展壮大高档数控机床、机器人及智能装备、先进轨道交通装备、集成电路装备这八大领域，实施重点工程、培育重点大项目，努力实现装备制造能力的显著提升。这八大领域中大部分都涉及辽宁的高技术制造业。据此可以判断，辽宁高技术制造业的发展是辽宁建成具有国际竞争力先进装备制造业基地的关键。

根据国家统计局《高技术产业（制造业）分类（2013）》，高技术产业在制造业范畴包括医药制造业、航空航天器及设备制造业、电子及通信设备制造业、计算机及办公设备制造业、医疗仪器设备及仪器仪表制造业和信息化学品制造业等行业。由于数据方面的限制①，辽宁省高科技制造主要指医药制造业，铁路、船舶、航空航天和其他运输设备制造业，计算机、通信和其他电子设备制造业和仪器仪表制造业这四大类别。本研究所使用的数据来自 2013～2020 年度《辽宁统计年鉴》②。

（一）高技术制造业对辽宁经济发展贡献度减弱

通过图 1 可以发现，辽宁省四大高技术制造业对辽宁经济发展贡献度减弱，四大高技术制造业行业 2019 年工业总产值均没有超过 2012 年。铁路、船舶、航空航天和其他运输设备制造业是辽宁四大高技术制造业中工业生产值比重最高的行业，其产值呈现出“V 字型”变化：2012～2018 年为下降阶段，2018～2019 年处于强力复苏状

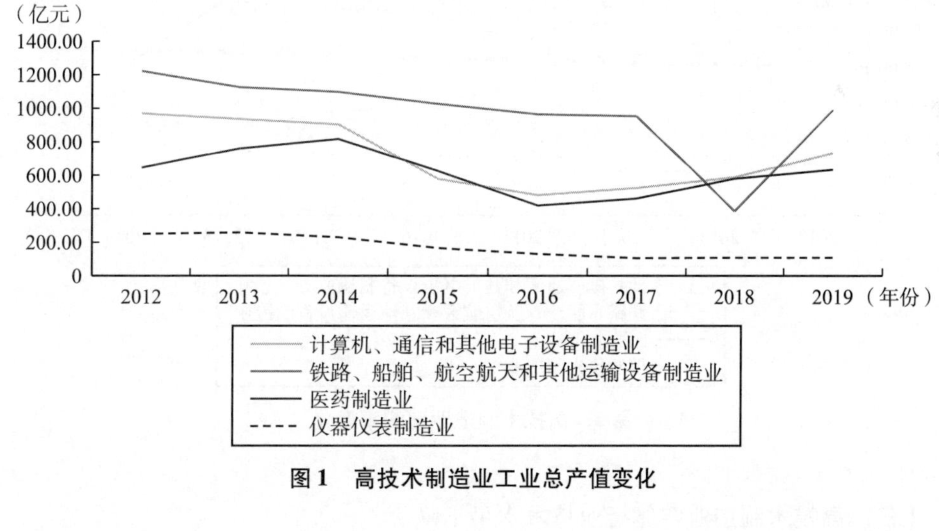

图 1　高技术制造业工业总产值变化

---

① 《辽宁统计年鉴》中并没有专门针对高技术制造业的统计数据，根据国家高技术制造业分类标准及《辽宁统计年鉴》中行业细分数据，本研究对高技术制造业数据重新进行了汇总。但由于数据所限，本研究指定的高技术制造业的四大分类标准并不是很严格。

② 由于 2018 年与 2019 年数据中缺少关键指标数据，在计算 TFP 时省略了这两年的数据。

态。计算机、通信和其他电子设备制造业与医药制造业变化相似，也呈现“V 字型”。2012～2016 年呈现出下降趋势，2016～2019 年处于复苏状态。仪器仪表制造业从 2012～2019 年处于缓慢下降状态。2018 年新冠肺炎疫情对辽宁经济造成了一定程度的负向冲击。从图 1 可以发现，新冠肺炎疫情对铁路、船舶、航空航天和其他运输设备制造业的负面影响较大，但对其他三大高技术制造业影响不明显。

（二）高技术制造业整体行业盈利能力降低

近 10 年来，辽宁省高技术制造业整体盈利能力下降。通过图 2 可以发现，除了计算机、通信和其他电子设备制造业外，其他三大高技术制造业行业 2019 年利润率均低于 2012 年利润率。具体来看，铁路、船舶、航空航天和其他运输设备制造业、医药制造业及仪器仪表制造业利润率变化大致类似，都呈现出震荡下行的态势。但计算机、通信和其他电子设备制造业利润率变化则呈现出“V 型”反转的态势：2012～2015 年处于下降趋势，2015～2019 年呈现强力上升趋势，这与近年来辽宁省重视大数据、云计算、互联网 + 和人工智能等数字经济的发展有关。

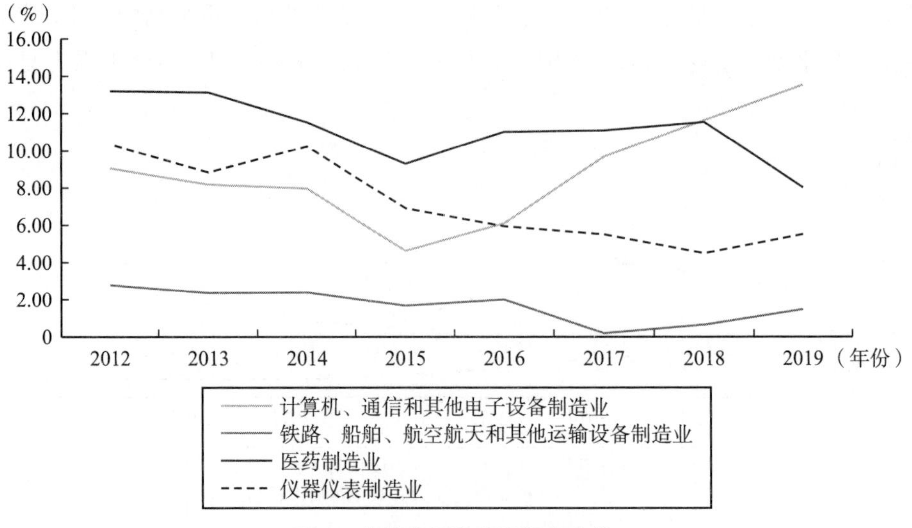

图 2　高技术制造业利润率变化

（三）高技术制造业整体行业技术水平下降

为了能够对辽宁高技术制造业技术水平进行测量，本研究利用 2013～2018 年度《辽宁统计年鉴》相关数据，使用伍德里奇的计量方法测算辽宁高技术制造业全要素生产率变化，具体如图 3 所示。计算机、通信和其他电子设备制造业技术水平呈现出

"V 型"反转：2012～2015 年处于下降趋势，2015～2017 年逐渐恢复，但 2017 年并没有超过 2012 年高点。医药制造业呈现倒"V 字型"变化，即 2012～2015 年表现为增加，2015～2017 年呈现为下降趋势。仪器仪表制造业和铁路、船舶、航空航天和其他运输设备制造业 2012～2017 年均表现为震荡下行趋势。整体来看，2012～2017 年高技术制造业行业整体技术效率不断下降，这严重影响了辽宁高科技制造业的产业升级以及产业竞争力。

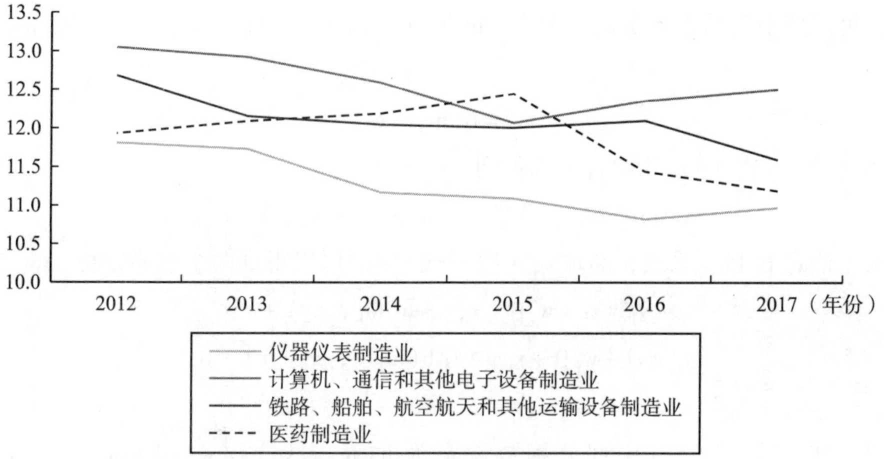

图 3　高技术制造业 TFP 变化

从整体而言，辽宁省四大高技术制造业对辽宁 GDP 拉动作用逐年下降，整体盈利能力不断降低，行业技术效率呈现下降趋势。这严重影响了辽宁高技术制造业的经济发展新动能及经济的高质量、可持续发展。

三、辽宁高技术制造业新动能的测算

（一）理论模型

有学者指出，新动能等于新动力或者新动能等于新动力加上新能力，新动能的本质是效率，新动能强调集约高效高质发展[4]。基于此，本研究对辽宁高技术制造业新动能的定义是指辽宁高技术制造业全要素生产率（TFP）。全要素生产率是经济增长的主要引擎[5]。借鉴伍德里奇（Wooldridge）的做法，本文假定生产函数为柯布道格拉斯函数。设制造业细分行业为 i，时间点为 t 的生产函数如下[6]：

$$y_{it} = \alpha + w_{it}\beta + x_{it}\gamma + \omega_{it} + \varepsilon_{it} \quad (1)$$

其中，y_{it}代表总附加值的对数，w_{it}表示自由变量$1\times J$向量的对数，x_{it}表示状态变量$1\times K$向量的对数，随机项ω_{it}是无法观察到的生产性或技术效率，ε_{it}为扰动项并假定为白噪声。

接下来，按照OP[7]和LP[8]的做法，取一阶马尔可夫过程，结果如下：

$$\omega_{it}=E(\omega_{it}\mid\Omega_{it-1})+\xi_{it}=E(\omega_{it}\mid\omega_{it-1})+\xi_{it}=g(\omega_{it-1})+\xi_{it} \tag{2}$$

其中，Ω_{it-1}是$t-1$时期的信息集合，并假设ξ_{it}与ω_{it}和ε_{it}不相关。

LP方法的假定，产业能够根据观测到的生产性冲击以调整最佳的中间品投入。据此，可以把中间品投入函数设定为：$m_{it}=f(x_{it},\ \omega_{it})$，且$E(m_{it}\mid x_{it})=0$，且$m_{it}$可逆，则

$$\omega_{it}=h(m_{it},\ x_{it}) \tag{3}$$

式（2）与式（3）相结合可以得到

$$E(\omega_{it}\mid\omega_{it-1})+\xi_{it}=f[h(m_{it-1},\ x_{it-1})]+\xi_{it} \tag{4}$$

为了确定β和γ系数，通过式（1）~式（4）可以得到两个重要方程

$$y_{it}=\alpha+w_{it}\beta+x_{it}\gamma+h(m_{it},\ x_{it})+\varepsilon_{it} \tag{5}$$

$$y_{it}=\alpha+w_{it}\beta+x_{it}\gamma+f[h(m_{it-1},\ x_{it-1})]+\eta_{it} \tag{6}$$

其中，$\eta_{it}=\varepsilon_{it}+\xi_{it}$

进一步，将式（5）中部分函数设定为$h(m_{it},\ x_{it})=\lambda_0+k(m_{it},\ x_{it})\lambda_1$，式（6）中部分函数设定为$f(w_{it})=\delta_0+\delta_1[k(m_{it},\ x_{it})\lambda_1]+\delta_2[k(m_{it},\ x_{it})\lambda_1]^2+\cdots+\delta_G[k(m_{it},\ x_{it})\lambda_1]^G$。

为了计算方便，可以假定$\delta_1=1$，且$G=1$。则式（5）和式（6）可以写成

$$y_{it}=\varsigma+w_{it}\beta+x_{it}\gamma+k(m_{it},\ x_{it})\lambda_1+\varepsilon_{it} \tag{7}$$

$$y_{it}=\theta+w_{it}\beta+x_{it}\gamma+k(m_{it},\ x_{it})\lambda_1+\eta_{it} \tag{8}$$

然后，我们定义矩阵$z_{it1}=[1,\ x_{it},\ w_{it},\ k(m_{it},\ x_{it})]$，$z_{it2}=[1,\ x_{it},\ w_{it-1},\ k(m_{it-1},\ x_{it-1})]$

即，$Z_{it}=\begin{pmatrix}z_{it1}\\ z_{it2}\end{pmatrix}$。

运用GMM工具变量法可以得到残存方程为

$$R_{it}=\begin{pmatrix}r_{it1}\\ r_{it2}\end{pmatrix}=\begin{pmatrix}y_{it}-\varsigma-w_{it}\beta-x_{it}\gamma-k(m_{it},\ x_{it})\lambda_1\\ y_{it}-\theta-w_{it}\beta-x_{it}\gamma-k(m_{it},\ x_{it})\lambda_1\end{pmatrix}，且\ E[Z'_{it}R_{it}]=0 \tag{9}$$

最后，根据方程（7）、方程（8）和方程（9），可以计算出β和γ的系数。

通过上述理论模型的运算过程可以发现，首先，伍德里奇对全要素生产率测算的方法是对国内普遍使用的OP和LP方法的进一步改进；其次，伍德里奇的方法采用

更为可靠的广义矩阵法进行回归，这克服了不可观测的全要素生产率所带来的内生性与联立性问题[9]。因此，采用伍德里奇的方法计算辽宁高技术制造业新动能更具有参考价值。

（二）数据来源

本模型所需要的所有数据均来源于2013～2020年《辽宁统计年鉴》中制造业细分行业数据①。由于《辽宁统计年鉴》中并没有对辽宁高技术制造业做出专门的统计，本文根据国家高技术制造业分类标准对数据重新进行计算与汇总，并对所有数据进行自然对数处理。

1. 被解释变量

被解释变量为利润（lr），数据采用《辽宁省统计年鉴》中的行业利润数据[10]。

2. 解释变量

解释变量劳动（rs），采用在岗职工人数指标[11]；中间品（ld），采用流动资本指标；资本存量（gd）采用产固定资产数据[12]。使用软件为stata16和Excel2013。

表1显示了各变量的详细统计情况。通过表1可以发现，本研究所收集的数据并不存在缺失情况，且数据分布较为平稳，也并不存在极端值的情况。

表1　　各变量统计情况

Variable	Obs	Mean	Std. Dev.	Min	Max
lnld	24	5.992	0.937	4.602	7.514
lngd	24	5.121	0.913	3.388	6.362
lnlr	24	3.655	0.764	1.666	4.442
lnrs	24	10.577	0.558	9.817	11.575

（三）回归结果

根据上述理论模型中方程（7）、方程（8）和方程（9），本研究通过伍德里奇的方法进行全要素生产率的计算，结果显示在表2的第4列（WRDG）。通过第4列可以发现，变量lnld、lngd和lnrs的回归系数均具有统计意义。通过对比其他方法的回归结果第（1）列至第（3）列可以发现，伍德里奇的方法适合本研究。具体而言，

① 由于2019年和2020年《辽宁统计年鉴》中缺少固定资本数据，在回归计算中省略了这两年的相关数据。

变量 lnld 回归系数为负，这表明流动资本对利润具有消极作用。流动资本主要包括工资及相关中间品等。变量 lngd 的回归系数为正，这表明固定资本的增加对利润具有积极影响。变量 lnrs 回归系数为正，这表明劳动力的增加对利润具有积极影响。

表 2　　回归结果

变量	(1) POOL	(2) FE	(3) RE	(4) WRDG
lnld	−1.136** [0.365]	−1.203* [0.477]	−1.136** [0.365]	−1.190*** [0.283]
lngd	1.095* [0.337]	1.124* [0.385]	1.095* [0.337]	0.856* [0.368]
lnrs	0.731 [0.445]	0.794 [0.577]	0.731 [0.445]	1.390*** [0.392]
_cons	−2.875 [3.442]	−3.287 [4.368]	−2.875 [3.442]	
N	24	24	24	18

注：* $p<0.05$，** $p<0.01$，*** $p<0.001$。

（四）稳健性检验

为了保证本研究实证分析结果具有稳健性，本研究还使用了混合最小二乘法（POOL）、固定效应面板模型（FE）及随机效应面板模型（RE）三种回归方法，回归结果见表 2 的第（1）列至第（3）列。通过表 2 可以发现，这三种回归方法与伍德里奇的回归方法相比，尽管各回归系数的大小不同，但各变量回归系数符号具有一致性。变量 lnld 所有回归方法均为负值，变量 lngd 所有值均为正值，变量 lnrs 所有值均为正值。这表明，本研究的回归结果具有稳健性，相比较而言，伍德里奇的回归方法是较为合适的方法。

四、辽宁高技术制造业经济发展新动能的分解

（一）理论模型

与国内文献一般做法将 TFP 分解为技术进步（TC）、技术效率变化（TEC）、规

模效率变化（SEC）和配置效率变化（AEC）不同，本研究主要参照 Forster，Haltiwanger and Krizan[13]的方法，它可以分析 TFP 内部的变化趋势，更好地反映出辽宁高技术制造业细分行业新动能的变化细节。

事实上，辽宁高技术制造业整体 TFP 与其内部细分行业 TFP 的关系如下：

$$\ln TFP_t = \sum_{i=1}^{m} \varphi_{it} \ln TFP_{it}$$

φ 为各细分行业附加值相对于制造业整体附加值的比重。把基准年 $t-\tau$ 与比较年 t 制造业整体的 TFP 分解为 5 个部分：

（1）组内效果：$\sum \varphi_{it-\tau} \Delta \ln TFP_{it}$；

（2）组间效果：$\sum \varphi_{it} (\ln TFP_{it-\tau} - \overline{\ln TFP_{t-\tau}})$；

（3）交叉效果：$\sum \varphi_{it} \Delta \ln TFP_{it}$；

（4）进入效果：$\sum \varphi_{it} (\ln TFP_{it} - \overline{\ln TFP_{t-\tau}})$；

（5）退出效果：$\sum \varphi_{it-\tau} (\overline{\ln TFP_{t-\tau}} - \ln TFP_{it-\tau})$。

组内效果表示，在基准年时刻，由于各制造业细分行业 TFP 上升，整个制造业产业 TFP 的上升。

组间效果表示，在比较年时刻，TFP 相对较高的各制造业细分行业由于扩大市场份额而导致整个制造业产业 TFP 上升。

交叉效果表示，在比较年时刻，由于各制造业细分行业 TFP 的上升而带来的效果。组间效果和交叉效果合计起来可以表示为各制造业细分行业的资源配置效果。

进入效果表示在比较年时刻生产性较高的各制造业细分行业 TFP 的总体增加效果。

退出效果表示在基准年时刻生产性较低的各制造业细分行业 TFP 的总体衰退效果。

（二）计算结果

1. 医药制造业

就企业数量而言，医药制造业企业数量从 2012 年的 269 家下降为 2019 年的 139 家，降幅为 48.3%。从工业总产值而言，呈现“倒 V 字”形状。2012 年工业总产值为 645.31 亿元，之后处于上升阶段，2014 年达历史高点 817.67 亿元高点后转而下降，直至 2019 年为 632.9 亿元，与 2012 年相比工业总产值相近，下降比例为 1.9%。在岗职工人数的变化也呈现“倒 V 字”形状。2012 年在岗职工人数为 28536 人，

2013 年达 31194 人的峰值，此后在岗职工数量趋于下降，2019 年下降至 22630 人，与 2012 年相比，下降幅度为 25.1%。综合判断，医药制造业整体规模处于收缩状态。

医药制造业利润总额的变化呈现“倒 V 字形”波动状态。2012 年利润总额为 59.31 亿元，经过波动 2018 年上升为历史高点 83.4 亿元，2019 年下降为 61.1 亿元。与 2012 年相比，2019 年利润增长幅度为 3.0%。

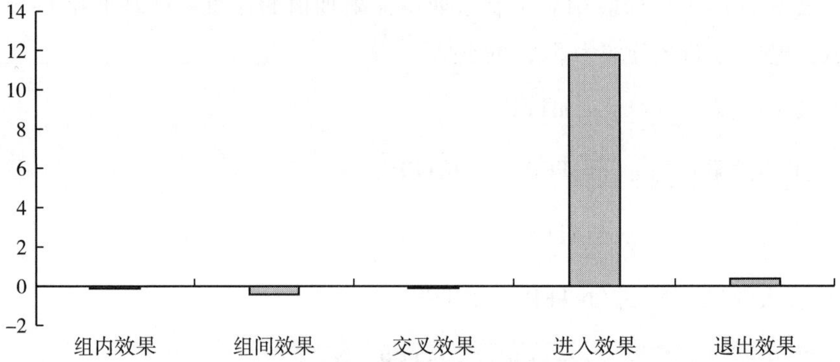

图 4　医药制造行业新动能分解

医药制造业整体新动能的变化呈现“倒 V 字形”。从该行业新动能的分解进一步来看（见图 4），进入效果最为明显。这表明，医药制造行业 TFP 的变化主要体现在比较年医药制造行业的 TFP 值比基准年高技术制造业行业 TFP 均值的增加程度方面。退出效果为正，这同样表明基准年医药制造业 TFP 与基准年高技术制造业 TFP 均值相比呈现出增加状态。组间效果为负值，即与基准年高技术制造业 TFP 均值相比，基准年医药制造业 TFP 值处于下降状态。组内效果和交叉效果均不明显。综合来看，比较年与医药制造业要优于基准年高技术制造业平均 TFP 值，比较年与医药制造业与基准年高技术制造业平均 TFP 值大体相当，这是医药制造业工业总产值、利润率、行业 TFP 值都呈现“倒 V 字形”变化的原因。即医药制造业的新动能与高技术制造业行业整体的新动能相比，两者差距呈现出由大变小的变化趋势。

2. 铁路、船舶、航空航天和其他运输设备制造业

从铁路、船舶、航空航天和其他运输设备制造业发展状况来看，企业数处于下降趋势，2012 年企业数为 210 家，2019 年下降至 148 家，下降比例为 29.5%。从工业总产值来看，处于先下降后上升的态势。2012 年铁路、船舶、航空航天和其他运输设备制造业工业总产值为 1222.13 亿元，2018 年跌入谷底为 384.6 亿元，2019 年上升为 990.1 亿元。2019 年与 2012 年相比工业总产值减少 19.0%。铁路、船舶、航空航天和其他运输设备制造业在岗职工人数变化呈现出“V 字”形态，2012 年在岗职

工数为106403人，2017年下降幅度接近一半，为55179人，2019年上升为79001人。但2019年在岗职工人数并没有超过2012年，与2012相比下降比例为25.8%。综合判断，铁路、船舶、航空航天和其他运输设备制造业整体处于收缩状态。

从铁路、船舶、航空航天和其他运输设备制造业利润总额来看，基本处于下降趋势。2012年，铁路、船舶、航空航天和其他运输设备制造业利润总额为64.90亿元，2015年基本跌破一半，为37.23亿元，2019年上升为41.5亿元。2019年与2012年相比，利润总额减少36.1%。

铁路、船舶、航空航天和其他运输设备制造业新动能处于震荡下行趋势。进一步，从铁路、船舶、航空航天和其他运输设备制造业TFP分解来看（见图5），最为明显的是组内效果、交叉效果、进入效果以及退出效果都为负值，其中组内效果负值程度最高，交叉效果与退出效果程度相当。这表明，铁路、船舶、航空航天和其他运输设备制造业TFP几乎没有增长。另外，无论是在基准年份还是比较年份，铁路、船舶、航空航天和其他运输设备制造业TFP值比高技术制造业行业平均TFP值要低。这是铁路、船舶、航空航天和其他运输设备制造业工业总产值、利润率、利润总额以及行业TFP值持续下行的原因所在。总体来看，铁路、船舶、航空航天和其他运输设备制造业新动能相对较差，新动能水平远低于高技术制造业平均新动能水平。

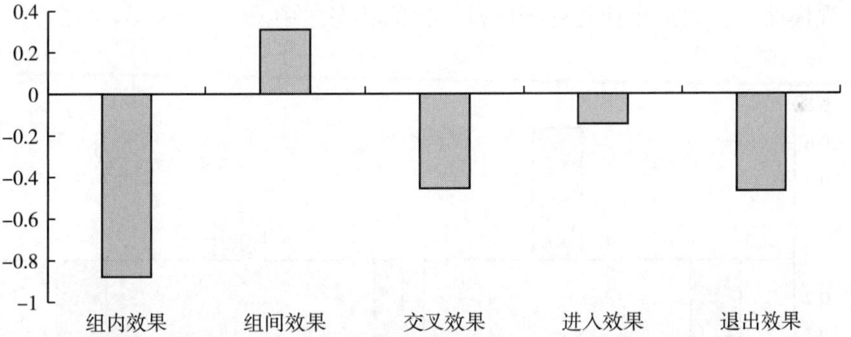

图5 铁路、船舶、航空航天和其他运输设备制造业新动能分解

3. 计算机、通信和其他电子设备制造业

从计算机、通信和其他电子设备制造业发展状况来看，从2012～2019年企业数量一直处于递减趋势。2012年企业数为213家，2019年下降至160家，下降比例为24.9%。工业总产值一直处于下降趋势。2012年计算机、通信和其他电子设备制造业工业总产值为969.1亿元，2019年下降为732.9亿元，下降比例为24.4%。在岗职工人数基本上处于递减趋势。2012年在岗职工人数为68336人，2019年下降至

45187人，下降比例为33.9%。这与计算机、通信和其他电子设备制造业企业数量减少，工业总产业值降低具有内在的一致性。结合企业数量、工业总产值及在岗职工人数的减少程度判断，计算机、通信和其他电子设备制造业总体行业处于萎缩状态。

但从计算机、通信和其他电子设备制造业利润总额来看，从2012～2019年呈现出增长状态。2012年计算机、通信和其他电子设备制造业利润总额为63.6亿元，2019年达到历史新高为139.2亿元，增加比例为118.9%。

计算机、通信和其他电子设备制造业新动能呈现出“V形”反转。进一步，从计算机、通信和其他电子设备制造业新动能分解情况来看（见图6），组间效果与退出效果最为明显。TFP退出效果程度较高导致计算机、通信和其他电子设备制造业总体行业处于萎缩状态，比如企业数量减少、工业总产值降低等。组间效果较高使得计算机、通信和其他电子设备制造业相对于基准年2012年，部分企业TFP值相对较高，扩大了市场份额，提高了计算机、通信和其他电子设备制造业整体的利润。总体来看，组内效果、交叉效果以及退出效果的负向作用大于组间效果、进入效果的正向作用。这使得整体上计算机、通信和其他电子设备制造业TFP处于下降趋势。但是，其中部分计算机、通信和其他电子设备制造业企业新动能提升较快，利润迅速增加。这是计算机、通信和其他电子设备制造业新动能呈现出“V形”反转的原因，也是利润率呈现出“V形”反转态势的原因。综合来看，计算机、通信和其他电子设备制造业规模缩小，内部企业正处于两极分化的状态之中。

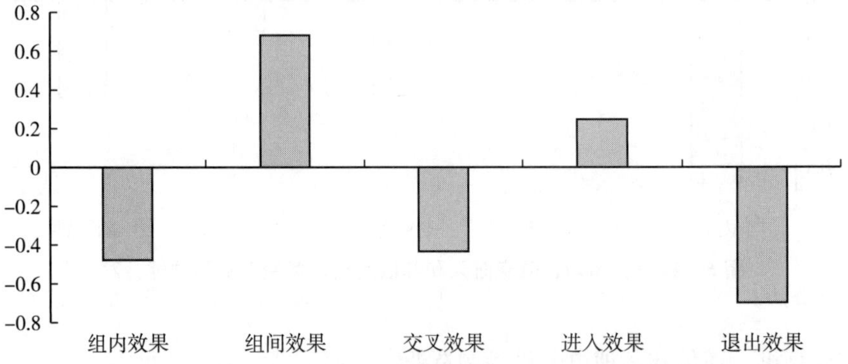

图6 计算机、通信和其他电子设备制造业新动能分解

4. 仪器仪表制造业

从仪器仪表制造业企业数量来看，仪器仪表制造业企业数量处于减少趋势（前文所述，笔者以为“处于……趋势”的表达略有不妥，上文多有此类描述，除上文浅见外，或可换为“日趋减少”等表述方式），2012年和2013年均为175家，2015年下降为 133 家，2019 年下降为 115 家，下降幅度为 34.3%。从仪器仪表制造业工业总产值来看处于减少的态势。2012 年为 250.66 亿元，2017 年下降至最低点为 105.5 亿元，2019 年略有恢复至 111.5 亿元。2019 年与 2012 年相比工业总产值减少比例为 55.5%。从仪器仪表制造业在岗职工人数来看基本呈现下降趋势。2012 年在岗职工人数为 23176 人，之后一直处于下降趋势，2015 年下降至 18347 人，2019 年下降至 11831 人。

从仪器仪表制造业利润总额来看，呈现“倒 V 字形”变化。从 2012 年 18.45 亿元上升至 2014 年 21.34 亿元，之后一直下降。2016 年下降为 13.59 亿元，2019 年下降为 11.5 亿元。2019 年与 2012 年相比利润总额下降 37.3%。

仪器仪表制造业新动能处于下行趋势。进一步，从仪器仪表制造业行业 TFP 分解情况来看（见图 7），最为明显的是组间效果为负。这表明，基准年份仪器仪表制造业 TFP 值与高技术制造业行业 TFP 均值相比下降较大，这严重影响了仪器仪表制造业行业 TFP 的总体状况。进入效果、交叉效果、组内效果均为负值。这说明，2012～2017 年仪器仪表制造业行业 TFP 的变化处于下降趋势，仪器仪表制造业 TFP 值小于高技术制造业行业 TFP 均值。退出效果为正值，表明仅用基准年作为比较仪器仪表制造业行业 TFP 超过高技术制造业行业 TFP 均值。即在基准年仪器仪表制造业新动能略优于高技术制造业行业平均新动能，之后，仪器仪表制造业新动能一直减少，甚至远低于高技术制造业行业平均水平。这是仪器仪表制造业工业总产值、利润率、TFP 值处于减少的原因所在。总之，仪器仪表制造业行业新动能下降程度严重。

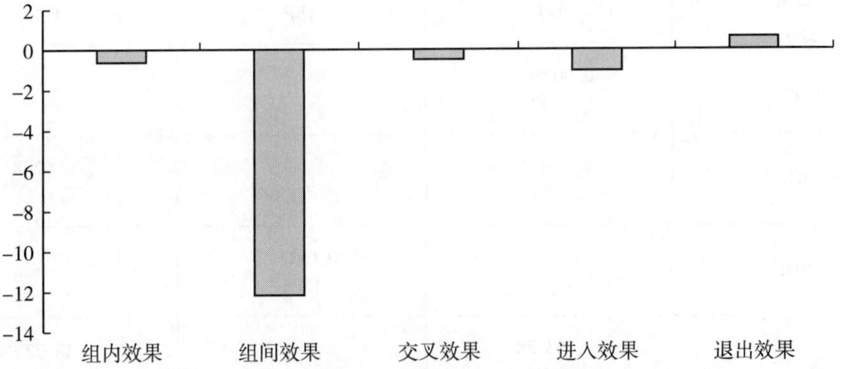

图 7　仪器仪表制造业新动能分解

总体来看，辽宁高技术制造业整体经济发展新动能处于衰减的状态。从辽宁高技术制造业行业整体状况而言，整体规模显现出收缩状态。无论从企业数量、工业总产值、在职员工人数还是从行业的 TFP 变动来看基本都呈现下降趋势。从计算机、通信和其他电子设备制造业，铁路、船舶、航空航天和其他运输设备制造业，医药制造业和仪器仪表制造业具体行业来看，四大辽宁高技术制造业行业呈现出效率降低的趋势。从工业总产值而言，下降幅度最大的是仪器仪表制造业和计算机、通信和其他电子设备制造业，其次为医药制造业和铁路、船舶、航空航天和其他运输设备制造业。从行业新动能分解而言，医药制造业进入效果最为明显，铁路、船舶、航空航天和其他运输设备制造业组内效果最为明显，计算机、通信和其他电子设备制造业组间效果与退出效果最为明显，仪器仪表制造业组间效果最为明显。从吸收就业能力而言，计算机、通信和其他电子设备制造业，铁路、船舶、航空航天和其他运输设备制造业，医药制造业及仪器仪表制造业都释放出大量劳动力，无疑增加了辽宁的就业压力，恶化了失业状况。

（三）机制检验

出口（export）、外商直接投资（FDI）与研发（RD）都对TFP有作用[14][15]。为了进一步检验对辽宁高技术制造业新动能影响的因素，本研究以TFP为因变量，出口、外商对辽宁直接投资以及研发为自变量，以辽宁人口（people）以及区域生产总值（GDP）为控制变量，进一步检验出口、外商对辽宁直接投资以及研发对辽宁高技术制造业新动能的影响。回归结果如表3所示。

表3　　机制检验结果

变量	(1) TFP	(2) TFP	(3) TFP
Export	0.00250* [2.48]		
RD			0.00288 [1.37]
FDI		0.00134 [1.85]	
_cons	-13.38 [0.68]	-18.20 [-0.84]	-48.72** [-2.86]
People	Yes	Yes	Yes
GDP	Yes	Yes	Yes
N	24	24	24

注：P值显著性水平：$*p<0.05$，$**p<0.01$，$***p<0.001$。

第（1）列为出口为自变量的回归结果。可以看出回归系数为正，且在5%水平下显著。第（2）列与第（3）列的研发（RD）与外商对辽宁直接投资（FDI）回归系数都不显著。这表明，出口对于辽宁高技术制造业新动能的提升具有正向促进作用，而研发与外商对辽宁直接投资对辽宁高技术制造业新动能的影响不显著。

五、政策建议

习近平总书记在2021年10月18日中央政治局第三十四次集体学习时强调，要加强关键核心技术攻关，牵住自主创新这个“牛鼻子”，发挥我国社会主义制度优势，打好关键核心技术攻坚战。党的十九届六中全会通过的《中共中央关于党的百年奋斗重大成就和历史经验的决议》强调，必须实现创新成为第一动力、协调成为内生特点、绿色成为普遍形态、开放成为必由之路、共享成为根本目的的高质量发展，推动经济发展质量变革、效率变革、动力变革。实际上，辽宁高技术制造业面临最大的问题是企业的研发投入效率不高，创新能力较差。面对这种现状，本研究认为，大力推进产学合作，培养高质量人才，积极融入“一带一路”的建设之中，提高科技对高技术制造业贡献度是解决辽宁高技术制造业经济发展新动能提升的重要手段，是提高辽宁省科技自主创新能力，实现辽宁高技术制造业高质量发展的关键。

（一）建设开放合作新高地，提高科技对辽宁高技术制造业贡献度

辽宁应提升科技对高技术制造业的贡献度。应当说，科技创新是高质量发展的核心驱动力，是提高辽宁高技术制造业综合竞争力的关键所在。推动辽宁高技术制造业高质量发展，核心在于推进四大高新制造业的技术贡献度。但是，上述实证分析表明，辽宁高技术制造业整体行业技术水平处于下降趋势，研发投入对辽宁高技术制造业新动能的提升作用并不明显。这就对企业和政府提出如下要求：一是企业继续加大研发投入，提升研发效率，推进成果转化，提高科技对高技术制造业的贡献度；二是聚集高质量研发人员，构筑科技创新的人才基地，服务于辽宁高技术制造业新动能的提升；三是政府应积极采用财政政策，对符合标准的高技术制造业企业进行补贴和减税以提升企业的研发积极性。

（二）大力推进产学合作，促进辽宁高技术制造业科技成果转换

党的十八届五中全会提出，必须把创新摆在国家发展全局的核心位置，不断推进理论创新、制度创新、科技创新、文化创新等各方面创新。可见，创新是全领域、全方位的。产学合作的主体——企业和大学已成为国家创新体系的主要参与者，是创新

最强劲的推动力。面对辽宁高技术制造业科技成果转化效果不佳的状况，这就需要：一是，政府要做好政府科研资金使用的顶层设计，从制度上保证科研资金能够更好地用于科研，提高辽宁的科研水平；二是，大学要规范、科学地使用从企业获得的资金，注重科研资金使用效率的同时注重资金的激励效应；三是，改变辽宁目前产学协同以委托研究为主的模式，使其逐渐向共同研究模式转变，围绕研发、测试、实用化、市场化等，跨越“死亡之谷”，形成科技创新联盟。

（三）提升高技术制造业行业中间投入品使用效率，优化辽宁营商环境

一是要提高中间投入品使用效率。由于数据方面的限制，本研究以高技术制造业利润率为被解释变量，以固定资本、流动资本及员工数量作为解释变量进行回归分析。结果显示，流动资本与利润率呈现出负的关系，系数为 -1.190，且具有统计意义。在实际的财务统计中，流动资本①主要是指生产资本中用于购买原料、燃料、辅助材料等中间投入品。这表明，高技术制造业在生产的过程中，中间投入品使用效率低下，或者是成本太高；生产函数反映出生产技术需要更新，这就要提高中间投入品使用效率进而提高生产效率。

二是进一步扩大出口，吸引外商投资。根据上述机制检验结果可以发现，辽宁出口对辽宁高技术制造业新动能的提升有正向促进作用，但作用不大；吸引外商投资对辽宁高技术制造业新动能的提升没有明显的提升作用。这就需要进一步扩大辽宁高技术制造业产品出口，在促进产品外循环的同时，加大力度吸引外商投资于辽宁，扩大外商投资的技术“外溢效果”进而提升辽宁高技术制造业的新动能。

三是辽宁省必须把促进高技术制造业的发展提升为战略高度。当前，国民经济和产业循环不畅是我国经济面临的突出矛盾。应当说，只有创新驱动才能推动我国经济从外延式扩张上升为内涵式发展，才能够真正促进国内国外的双循环。高技术制造业是制造业中技术创新最为活跃、附加值最高的部分，辽宁省必须重视高技术制造业的发展。事实上，数字辽宁、智造强省的关键就在于高技术制造业强有力的发展。

参考文献

[1] 马晓河．实现高质量发展　关键要培育形成经济增长新动能［N］．经济日报，2018-08-16（015）．

① 流动资本也包括工资，由于数据限制，无法从流动资本中去除工资。回归系数为负，也表明辽宁高技术制造业的工资激励效果较差。

[2] 曹福毅，孙勇，李智．科技创新服务体系建设的对策——以沈阳市为例[J]. 沈阳师范大学学报（社会科学版），2014，38（04）：63－65.

[3] 岳玉珠．技术创新与成果转化系统的制度环境分析 [J]. 化工管理，2009（04）：29－33.

[4] 李佐军．培育经济增长新动能从何着手 [J]. 经济研究参考，2017（24）：11.

[5] W Easterly，& Levine，R. "What have we learned from a decade of empirical research on growth? It's Not Factor Accumulation：Stylized Facts and Growth Models". *The World Bank Economic Review*. Vol. 12，No. 2，2001，pp. 177－219.

[6] Wooldridge，Jeffrey M. "On estimating firm-level production functions using proxy variables to control for unobservables". *Economics Letters*. Vol. 104，No. 3，2009，pp. 112－114.

[7] Olley，Pakes. "The Dynamics of Productivity in the Telecommunications Equipment Industry". *Econometrica*. Vol. 64，No. 6，1996，pp. 1263－1297.

[8] Petrin A Levinsohn J. "Estimating Production Functions Using Inputs to Control for Unobservables". *Review of Economic Studies*. Vol. 70，No. 2，2010，pp. 317－341.

[9] 杨振，陈甬军．中国制造业资源误置及福利损失测度 [J]. 经济研究，2013，48（03）：43－55.

[10] 王卫，綦良群．中国装备制造业全要素生产率增长的波动与异质性 [J]. 数量经济技术经济研究，2017，34（10）：111－12.

[11] 南亮進．経済成長と技術進歩の型 [J]. 一橋論叢，1962，48（5）：646－654.

[12] 蒋萍，谷彬．中国服务业 TFP 增长率分解与效率演进 [J]. 数量经济技术经济研究，2009，26（08）：44－56.

[13] Haltiwanger J Foster L，Krizan C J. "Aggregate Productivity Growth：，Lessons from Microeconomic Evidence". NBER Working Papers，1998，pp：303－372.

[14] 胡贤旭，周春林．出口贸易与省域 TFP 空间维度分析 [J]. 江汉学术，2014，33（6）：110－117.

[15] 陈继勇，盛杨怿．外商直接投资的知识溢出与中国区域经济增长 [J]. 经济研究，2008，12：39－49.

Research on the High-quality Development of Liaoning's High-tech Manufacturing Industry Based on the Perspective of New Kinetic Energy of Economic Development

Xu Yuelei　Ai Zhengxi

Abstract: The new kinetic energy of economic development is the core of promoting high-quality economic development. The Sixth Plenary Session of the 19th Central Committee of the Communist Party of China proposed that in terms of economic construction, our country's economy must take a road of higher quality, more efficient, fairer, more sustainable, and safer development. Facing the declining new momentum of the overall economic development of Liaoning's high-tech manufacturing industry, this article uses a combination of theory and empirical analysis to analyze Liaoning's high-tech manufacturing industry using relevant data from Liaoning high-tech manufacturing industry from 2013 to 2020. In addition, the decomposition method of Forster et al. is used to decompose the new kinetic energy of Liaoning's high-tech manufacturing industry. The results show that the overall scale of Liaoning's high-tech manufacturing industry is shrinking. The total industrial output value, profit margins, and hired labor are all declining, and the transformation of new kinetic energy of economic development will face difficulties.

Keywords: high-tech manufacturing; Liaoning; new economic kinetic energy; total factor productivity

辽宁沿海经济带在东北地区推进对外开放中的地位和作用研究

谢　地　赵雅楠*

摘　要： 辽宁沿海经济带作为东北主要出海口和对外开放重要窗口，在东北地区对外开放中发挥着重要作用。本文旨在分析辽宁沿海经济带在东北地区推进对外开放中的地位和作用研究，首先对沿海地区优先发展外向型经济的客观性进行描述，进而对辽宁沿海经济带进行SWOT分析，运用VAR模型，对辽宁沿海经济带推进东北地区对外开放的作用进行实证分析。结果表明，辽宁沿海经济带虽然对我国东北地区的对外开放起到了一定的推动作用，但是其作用并不明显，借此，本文总结了当前辽宁沿海经济和东北地区协同推进对外开放存在的问题，并提出了相应政策建议。

关键词： 辽宁沿海经济带　对外开放　VAR模型

一、沿海地区优先发展外向型经济的客观性

沿海地区作为内引外联的纽带，对我国推进对外开放具有重要作用。1978年，十一届三中全会确定了以经济建设为中心，实行改革开放，加快社会主义现代化建设的方针。此后，我国从沿海开始，加快了对外开放的步伐。1984年5月我国将大连、秦皇岛、天津、烟台、青岛、连云港、南通、上海、宁波、温州、福州、广州、湛

* 作者简介：谢地（1963～），男，吉林省农安县人，辽宁大学经济学院教授，经济学博士生导师；赵雅楠（1999～），女，辽宁省大连人，辽宁大学硕士研究生。

江、北海十四个城市定为沿海开放城市；此后又将长江三角洲、珠江三角洲和闽南厦漳泉三角地区以及辽东半岛、胶东半岛开辟为沿海经济开放区，形成了较为完善的沿海开放地带，沿海地区外向型经济发展战略也初步确立，自此我国沿海地区对外贸易和吸收利用外资在全国领先，商品出口额、年末外资企业登记数和累计吸收利用外资分别占全国的86.7%、82.2%和71.6%。

除了政策优势之外，沿海地区优先发展外向型经济也有其自身优势。

（一）交通便利

沿海地区不仅公路铁路交通网较为完善，除了传统的陆运、水运和空运外，还具有独特的港口优势，海运发达，便于和世界各国进行对外贸易和交流，货物运输相较于内陆更加便利。并且相较于空运运输，海运运输具有成本低、运量大的特点，便于扩大对外贸易的范围，尤其在目前全球经济一体化的背景下，全世界85%的贸易运输依托于海运，港口的重要性愈发凸显。不仅如此，将空运和海运相结合，沿海地区形成庞大的交通枢纽，在对外开放中更加占据优势。

（二）工业基础好

我国主要工业基地有辽中南地区、京津唐地区、沪宁杭地区以及珠江三角洲，这些发展较好的工业基地均位于沿海地区，内陆地区工业基础较为薄弱。沿海地区相较于内陆地区，工业基础相对完善，能够更好地吸引外商投资，充分利用国际市场和国外资源，具有对外开放的优势。

（三）人才众多

沿海城市科研文教事业较为发达，高校众多，能够培养众多技能娴熟、知识丰富的人才，为沿海地区进行对外开放提供人才储备。沿海地区又因其强大的城市实力，吸引众多人才涌入，为城市建设注入源源不断的活力，使得沿海地区形成“城市发展—人才流入—加速城市发展”的良性循环，为沿海地区对外开放提供强大动力。

二、辽宁沿海经济带对外开放的SWOT分析

SWOT分析方法是管理学中常用的竞争战略分析方法，S代表优势（strength）、W代表劣势（weakness）、O代表机会（opportunity）、T代表威胁（threat）。本文运用SWOT分析方法，明确辽宁沿海经济带在对外开放中的优势、劣势、威胁以及机遇，促进东北地区推进对外开放。

（一）优势分析

辽宁沿海经济带地理位置优越，区位优势明显。辽宁沿海经济带位于辽宁省南部，北邻沈阳经济区和东北腹地，南邻山东半岛、东邻朝鲜半岛、西接京津冀，是环渤海区域战略要地，是东北亚经济圈的核心区域，与日本、韩国、朝鲜隔海相望，地理优势十分显著。同时，东北地区拥有良好的资源禀赋，在我国北部沿海地区有着良好的发展基础，具有诸多的比较优势。

辽宁沿海经济带是东北地区重要的航运中心。辽宁沿海经济带港口主要由六大港口组成，以大连港为龙头，丹东港、锦州港、营口港、盘锦港和葫芦岛港共同发展，各港口作为东北地区对外开放的窗口，充分发挥东北地区与国际市场的连接功能，同时机场、铁路、公路等交通基础设施完善，辽宁沿海港口是东北地区货物集散中心。

辽宁沿海经济带拥有良好的投资环境。辽宁沿海经济带拥有较为完善的基础设施，人才资源雄厚，外加政策扶持，大连作为辽宁沿海经济带的龙头，多次承接国际会展和国际赛事，例如：大连举办 2019 夏季达沃斯论坛、大连国际马拉松比赛等，为辽宁沿海经济带营造了良好的投资环境，也为辽宁和东北地区树立了良好的国际形象。辽宁沿海经济带凭借其良好的营商环境，成为国际产业转移阵地，根据 2021 年的最新统计，辽宁沿海地区招商引资实际到位资金 487 亿元，比上年增加 11.2%，大连市投资 314.4 亿元，占全省实际到位内资总额的 30.2%，辽宁沿海经济带吸引外资能力不断强劲。

（二）劣势分析

辽宁沿海经济带内部港口之间发展差距较大。其中以大连港、营口港为主，其他港口为辅，六大港口发展十分不均衡，大连港 2021 年货物吞吐量 31553 万吨，占全省 40.4%，在全国港口货物吞吐量中排第 13 位，东北地区进入全国港口货物吞吐量前三十的只有大连港和营口港两个港口。除此之外，各港口业务重合度较高，分工不明确，存在一定内部竞争，港口之间的差距会不断拉大，很难形成港口群的集聚效应。

辽宁沿海经济带产业结构有待调整。辽宁沿海经济带依托东北老工业基地，第二产业优势明显，但辽宁沿海经济带与东北腹地产业结构趋同，均呈现“二三一”的产业结构特征，竞争大于协同，无法形成优势互补的格局。

辽宁沿海经济带生态环境存在恶化趋势。随着辽宁沿海地区海洋经济不断发展，部分入海河流污染严重，60%左右的排污口出现超标排放，70%的入海排污口邻近海域不能满足海洋功能区水质要求，生态环境存在不断恶化的趋势，影响辽宁沿海经济带对外开放的可持续发展。

（三）机遇分析

辽宁沿海经济带拥有东北振兴和沿海开发的战略机遇。2009年，国务院批复了《辽宁沿海经济带发展规划》，将辽宁沿海经济带提升为国家战略，辽宁沿海经济带取得了全方位的发展，其在东北地区的地位和作用不容小觑。在2021年9月18日，国务院发布《关于辽宁沿海经济带高质量发展规划的批复》，更加关注辽宁沿海经济带的发展，同时东北地区也加快了对外开放的步伐，围绕"积极融入构建新发展格局，打造东北对外开放新通道"做出努力。

（四）挑战分析

国外环境不乐观。受新冠肺炎疫情的影响，国家间贸易往来受到冲击，面临着百年未有之大变局，我国对外开放环境日益复杂。除此之外，东北亚经济圈发展前景令人担忧。辽宁沿海经济带位于东北亚经济圈的核心，外贸进出口和外资引进多依赖于东北亚地区。在后疫情时代，东北亚经济圈发展局势并不乐观，在美国意欲强化同盟关系下，中日韩关系出现倒退，辽宁沿海经济带对外开放环境受到挑战。

国内沿海地区竞争加剧。目前，我国沿海地区形成长三角、珠三角、环渤海三大重点区域，辽宁沿海经济带与环渤海地区合作的同时，面临着日益激烈的竞争。随着国际竞争的加剧，国内沿海区域对于资源、人才、项目的争夺日益激烈，辽宁沿海经济带在区域竞争中并不占据优势，应当提高核心竞争力，迎接挑战。

（五）总结

运用了SWOT分析法，分析了辽宁沿海经济带对外开放优势、劣势、机遇和挑战，可以发现，辽宁沿海经济带在东北地区对外开放中发挥优势，随着2021年国务院发布《关于辽宁沿海经济带高质量发展规划的批复》，辽宁沿海经济带面临良好机遇，在把握优势的基础上，弥补不足，克服挑战，辽宁沿海经济带会不断引领东北地区推进对外开放。

三、辽宁沿海经济带对东北地区对外开放作用实证分析

通过运用VAR模型，分析辽宁沿海经济带对东北地区对外开放作用。

（一）指标选取说明

为分析辽宁沿海经济带与东北腹地经济发展和对外开放的关系，选取辽宁沿海经

济带和东北腹地省份的相关统计数据，拟运用 VAR 模型进行分析。港口和内陆地区的经济体系是非常复杂的，因此，本文选择了影响其发展的主要因素。选取了 2001 ~2021 年辽宁沿海经济带港口货物吞吐量和东北三省进出口总额两个指标进行分析（因内蒙古东部地区数据不全，东北地区仅以辽宁、吉林、黑龙江三省代替）。以上数据均来自辽宁省统计年鉴、吉林省统计年鉴、黑龙江省统计年鉴。

（二）变量的描述性统计分析

本文采用 Eviews9.0 进行数据处理，文中的 GIP 代表辽宁沿海经济带港口货物吞吐量，TMX 代表东北腹地的进出口总额。描述性统计分析如表 1 所示。

表 1　　变量的描述性统计分析

变量	Observations	Mean	Median	Maximum	Minimum	Std. Dev.
GIP	21	6.710952	7.840000	11.260000	1.480000	3.447751
TMX	21	1135.150	1230.400	1792.400	264.2300	517.5487

由表 1 显示的结果可知，2001 ~2021 年东北三省进出口总额不断增加，GIP 均值为 6.71，标准差为 3.45，这表明港口货物吞吐量的序列分布不均匀。

（三）变量的平稳性检验

在对数据进行平稳性检验前，首先对原始数据即 2001 ~2021 年辽宁沿海经济带港口货物吞吐量以及东北腹地的进出口总额的数据取自然对数，分别记为 LNGIP 和 LNTMX。

在建立 VAR 模型之前，为防止出现伪回归，需要通过平稳性检验来对时间序列变量进行检验，本文使用 ADF 检验法进行平稳性检验。

由表 2 可以得出，LNGIP、LNTMX 在 5% 的显著水平下是不平稳的，通过一阶差分后，在 5% 的水平下 D（LNGIP）、D（LNTMX）是平稳的，可以进行协整检验。

表 2　　ADF 检验

变量	检验形式（c t k）	ADF 检验值	临界值（5% 显著水平）	P 值	检验结果
LNGIP	（c 0 1）	−2.626330	−3.029970	0.1052	不平稳
D（LNGIP）	（c t 0）	−3.783775	−3.673616	0.0409	平稳

续表

变量	检验形式 (c t k)	ADF 检验值	临界值 (5% 显著水平)	P 值	检验结果
LNTMX	(c 0 0)	-2.630677	-3.020686	0.1036	不平稳
D (LNTMX)	(c 0 0)	-3.229889	-3.029970	0.0339	平稳

注：检验形式中的 c，t，k 分别表示单方程检验中的截距项，趋势项和滞后阶数。

(四) VAR 模型与协整检验

本文运用 Eviews9.0 建立 VAR 模型，首先通过 AIC 信息准则和 SC 准则来确定合适的滞后阶数为 2，如表 3 所示。

表 3　　VAR 模型各滞后期 AIC、SC 值

Lag	LogL	LR	FPE	AIC	SC	HQ
0	-6.487124	NA	0.008378	0.893381	0.992796	0.910206
1	33.94322	68.09321 *	0.000182	-2.941391	-2.643148	-2.890917
2	40.22692	9.260191	0.000146 *	-3.181781 *	-2.684708 *	-3.097657 *

根据表 3 中结果，可以看到当滞后期为 2 时，AIC 和 SC 同时达到最小，故选取滞后期为 2，其 VAR 模型的参数估计如表 4、表 5 所示。

表 4　　VAR 模型估计结果

变量	LNGIP	LNTMX
LNGIP (-1)	1.362749 (0.21901) [6.22239]	0.581915 (0.46671) [1.24685]
LNGIP (-2)	-0.614775 (0.18233) [-3.37181]	-0.369794 (0.38854) [-0.95175]
LNTMX (-1)	-0.10194 (0.13536) [-0.75311]	0.672617 (0.28845) [2.33182]

续表

变量	LNGIP	LNTMX
LNTMX（-2）	0.276032 (0.13557) [2.03613]	-0.043392 (0.28889) [-0.15020]
C	-0.707693 (0.63243) [-1.11901]	2.247509 (1.34771) [1.66765]

表5　　VAR 模型回归统计量

R-squared	0.988182	0.925683
Adj. R-squared	0.984806	0.904450
Sum sq. resids	0.064716	0.293891
S. E. equation	0.067990	0.144887
F-statistic	292.6703	43.59584
Log likelihood	27.02088	12.64554
Akaike AIC	-2.317988	-0.804793
Schwarz SC	-2.069451	-0.556257
Mean dependent	1.859434	7.022305
S. D. dependent	0.551579	0.468720

在确定了 VAR 模型的最优滞后期后，由于 Johansen 协整检验的滞后期为 VAR 模型滞后期的 p-1，所以，Johansen 协整检验的滞后期选为1，得到如下的结果（见表6）。

表6　　Johansen 协整检验结果

Hypothesized No. of CE（s）	Eigenvalue	Trace Statistic	0.05 Critical Value	Prob. **
None *	0.459810	17.08378	15.49471	0.0286
At most 1 *	0.246715	5.382932	3.841466	0.0203

Trace test indicates 2 cointegrating eqn（s） at the 0.05 level

根据表6的结果判定：在 LNTMX、LNGIP 的协整检验中，原假设 None 表示没有协整关系，该假设下计算的迹统计量值为 17.08378，大于临界值 15.49471，因此可以在显著性水平5%下拒绝该原假设，认为至少存在一个协整关系；下一个原假设 At most1 表示最多有一个协整关系，该假设下计算的迹统计量值为5.382932，大于临界值3.841466，因此可以在显著性水平5%下拒绝该原假设，认为存在一个以上的协整关系。通过协整检验，可知LNTMX和LNGIP之间存在协整关系，根据标准化协整系数，两者之间的协整方程为以下式子：

LNTMX = 4.657828 + 1.266789LNGIP

通过协整关系式可知，在2001～2021年辽宁沿海经济带港口货物吞吐量与东北腹地进出口总额存在着一个长期的稳定关系，公式中的系数为正，说明辽宁沿海经济带港口货物吞吐量与东北腹地进出口总额之间具有正的相关关系，同时根据之前滞后期为2时的VAR模型参数估计得出的VAR模型回归结果如下：

LNGIP = 1.362749LNGIP(-1) - 0.614775LNGIP(-2) - 0.101940LNTMX(-1) + 0.276032LNTMX(-2) - 0.707693

LNTMX = 0.581915LNGIP(-1) - 0.369794LNGIP(-2) + 0.672617LNTMX(-1) - 0.043392LNTMX(-2) + 2.247509

从以上VAR模型的回归结果可以看出，$R^2 = 0.988182$，调整 $R^2 = 0.925683$，因此模型的拟合度较高，说明该模型还是比较稳定和合理的。

为了进一步验证所得出的协整检验关系是否正确，接下来运用AR根图来进行验证，若关于AR特征方程的特征根的倒数绝对值小于1，即位于单位圆内，则可以表明以上得出的模型是稳定的，结果如图1所示。

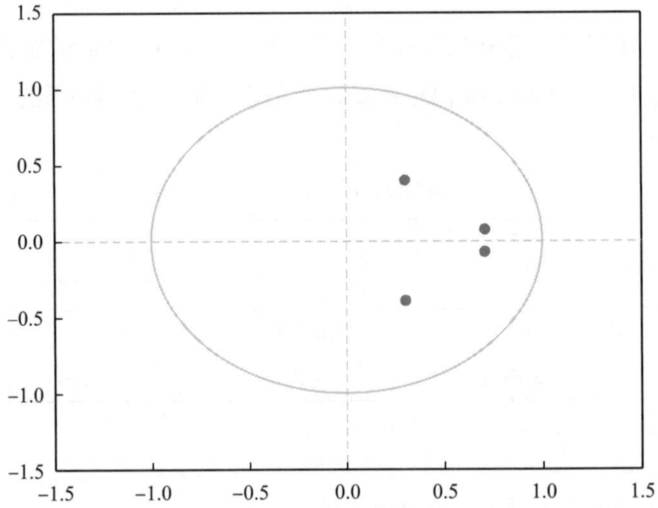

图1　AR根图

（五）脉冲响应函数分析

脉冲响应函数是用于衡量来自随机扰动项的一个标准差冲击，对内生变量当前和未来取值的影响的变动轨迹，能比较直观地刻画变量之间的动态交互作用及其效应，基于 VAR 模型，画出 LNGIP 和 LNTMX 之间的脉冲响应函数。

1. 辽宁沿海经济带港口货物吞吐量对东北腹地进出口总额的脉冲响应分析

图 2 表示辽宁沿海经济带 GIP 对东北腹地 TMX 拉动作用的脉冲响应图，其中横轴表示滞后期间数，纵轴表示受辽宁沿海经济带 GIP 的影响，引起东北腹地 TMX 波动值。实线表示辽宁沿海经济带 GIP 对东北腹地 TMX 的脉冲响应函数，虚线表示正负两倍标准差偏离带。由图 2 可以得出，给辽宁沿海经济带港口集装箱吞吐量一个正的冲击，第 1 时期到第 3 期对东北腹地 TMX 呈向上拉动作用，随后拉动作用减弱，缓慢下降，但仍保持正向影响。

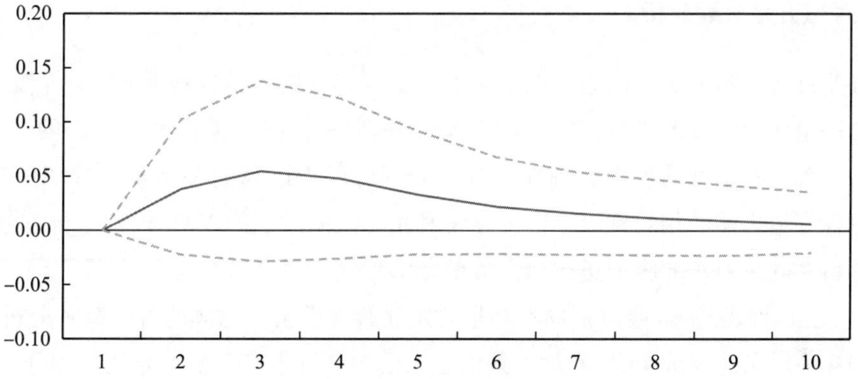

图 2　脉冲响应函数

2. 东北腹地进出口总额对辽宁沿海经济带港口货物吞吐量的脉冲响应分析

图 3 表示东北腹地 TMX 对辽宁沿海经济带 GIP 的拉动作用的脉冲响应图，其中横轴表示滞后期间数，纵轴表示东北腹地 TMX 的冲击引起辽宁沿海经济带 GIP 的波动值，实线表示东北腹地 TMX 对辽宁沿海经济带 GIP 的脉冲响应图，虚线表示正负两倍标准差偏离带。由图 3 可以得出，给东北腹地进出口总额一个正的冲击，第 1 期到第 2 期对辽宁沿海经济带 GIP 拉动作用下降，第 2 期到第 5 期拉动作用逐渐增加，随后呈下降趋势。

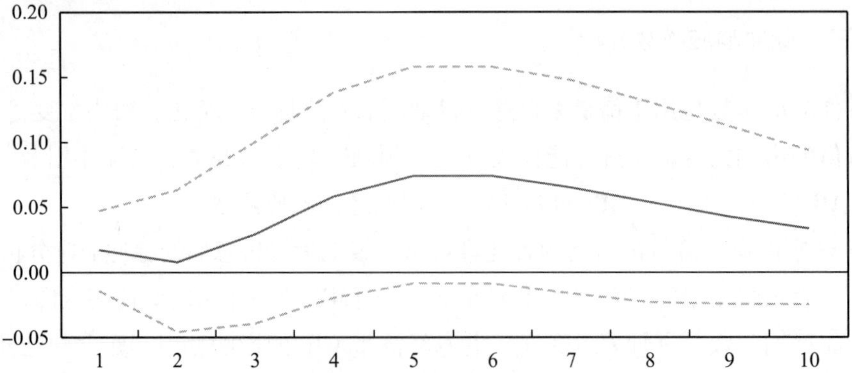

图 3　脉冲响应函数

脉冲响应图表明，在前期，港口货物吞吐量与腹地进出口总额之间存在双向的拉动作用，但随着时间推移，这种拉动作用逐渐减弱。可以证明，二者之间存在正向影响，但是影响效果逐渐递减。

（六）方差分解分析

方差分解和脉冲响应函数之间的区别在于，脉冲响应函数刻画的是一个变量的冲击对另一个变量的动态影响路径，而方差分解则是将 VAR 模型系统内部的一个变量的方差分解到各个扰动项上，因而，方差分解可以告诉我们关于每个扰动项对 VAR 模型内各变量影响的相对程度，因此本文利用非限制约束的 VAR 模型进行方差分解，反映港口吞吐量对东北腹地进出口总额的影响程度。

1. 辽宁沿海经济带港口货物吞吐量对东北腹地进出口总额的方差分解分析

图 4 表示东北腹地 TMX 变动方差由辽宁沿海经济带 GIP 变动导致的部分。由图 4 可以得出辽宁沿海经济带 GIP 对腹地 TMX 变动初期贡献率逐渐增加，随后趋于平缓，稳定于 20% 左右，表明辽宁沿海经济带对东北腹地进出口总额影响力趋于稳定。

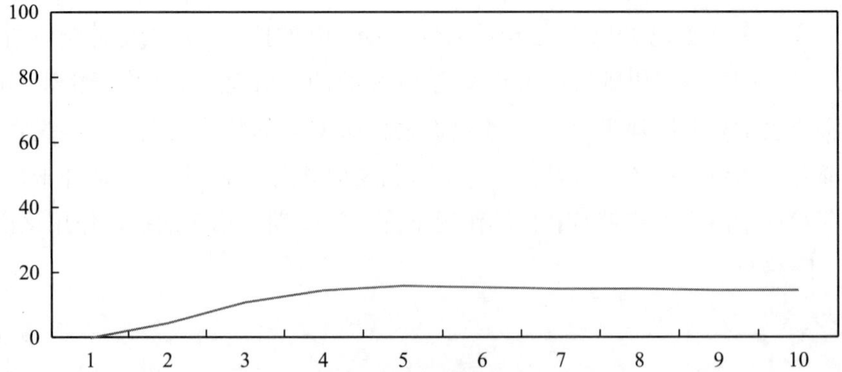

图 4　方差分解图

2. 东北腹地进出口总额对辽宁沿海经济带港口货物吞吐量的方差分解分析

图5表示辽宁沿海经济带GIP变动方差由东北腹地TMX变动导致的部分。由图5可以得出，东北腹地进出口总额对辽宁沿海经济带港口运输初期贡献率较低，从第2期开始，贡献率逐渐攀升，从第7期开始增长缓慢，但仍呈上升趋势，约为50%，表明东北腹地进出口越来越依赖沿海港口运输。

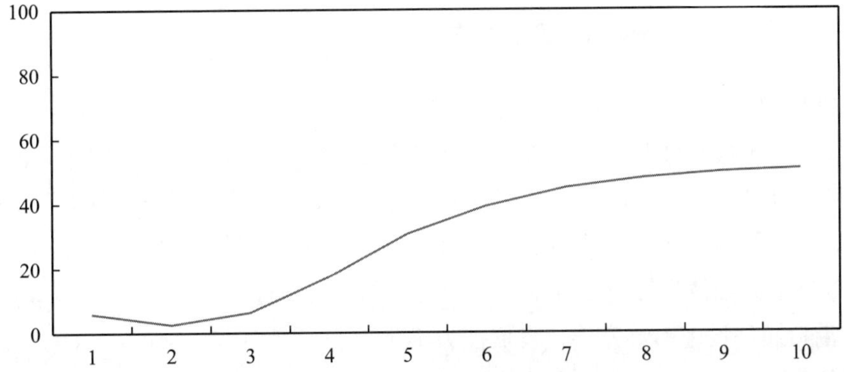

图5 方差分解

（七）小结

研究结果表明，辽宁沿海经济带与东北腹地进出口前期存在较强的双向拉动作用，但这种拉动作用日渐下降。从长期看，东北腹地进出口愈发依赖沿海港口运输，辽宁沿海经济带在东北地区对外开放中的作用愈发凸显。

通过VAR模型分析，我们可以清楚地看到辽宁沿海经济带在东北地区对外开放中发挥一定的作用，但随着东北地区对沿海港口依赖程度不断提高，沿海经济带对东北腹地进出口的拉动作用趋于平缓。其中可能的原因是：首先，辽宁沿海经济带以及东北地区对外开放多依赖于东北亚地区，诸如韩国、日本等，但由于韩国“萨德”事件等影响，东北亚局势不容乐观，给东北地区的进出口以及港口运输带来一定冲击。其次，2019年末新冠肺炎疫情的暴发，对于对外贸易产生严重冲击，近几年对外开放状况不向好。最后，国内竞争不断加剧，相较于我国其他沿海地区，辽宁沿海经济带竞争力不足，对腹地进出口带来一定影响。除了受外在因素的影响，我们还应找到拉动作用下降的内在原因，找到问题，及时解决。

四、辽宁沿海经济带与东北地区协同推进对外开放存在的问题

自2009年辽宁沿海经济带上升为国家战略以来，辽宁沿海经济带和东北地区扩大对外开放取得显著成果，但同时也暴露出许多亟须解决的问题和不足。

（一）辽宁沿海经济带对外开放存在问题

1. 港口功能定位不明确，未能协同发展

辽宁沿海地区对外开放的设想是：以大连为中心，营口和丹东为两翼，但其两翼力量较弱，互动不足，未能形成理想开放布局。在对外开放过程中，各港口功能定位不明确，存在资源争夺，竞争多于合作的态势，协同性较弱，总体竞争力不强，严重阻碍了辽宁沿海经济带推进东北地区对外开放的发展目标。

2. 港口硬件设施不够完善，发展能力不足

辽宁沿海经济带港口的中小泊位占85%，万吨级以上泊位仅占15%，其港口硬件设施不适应发展的需要，中小泊位过剩，专业性深水码头数量严重不足，除此之外，辽宁沿海经济带缺少大型船舶靠泊和大宗散货码头，很难支撑辽宁沿海经济带的发展和东北腹地扩大对外开放的需要。

3. 生态环境遭到破坏，阻碍可持续发展

由于陆源污染物的大量排放，海洋污染严重，辽宁沿海经济带各市生态环境存在不同程度的问题。辽宁沿海经济带各港口管理不佳，恶性开发、资源浪费等现象屡见不鲜，对于沿海经济带的可持续发展产生影响。

4. 引进的产业项目质量不高

辽宁沿海经济带尚无龙头项目推动地区发展，导致辽宁沿海经济带相较于东南沿海发达省份，国际竞争力和国际关注度不高，吸引的产业项目质量较低，主要以制造业项目为主，多属劳动密集型产业，例如韩国STX造船公司等，国外大型跨国公司和世界500强企业较少，高科技项目引进较少。

（二）东北地区协同推进对外开放存在问题

1. 地区之间存在恶性竞争

随着辽宁沿海经济带的发展，东北内陆的经济资源和人力资源向沿海地区聚集，东北地区内部不自觉加剧地区之间恶性竞争，地方保护主义构建地区要素流动的壁垒，损害东北地区整体对外开放的健康发展。

2. 地方政府间缺乏统一的协作

东北地区地域广阔，规模庞大但联系松散，由于各省市之间行政体制和财政体制存在差异，交通基础设施和物流产业有待完善，使得各省市之间统一协作不足，阻碍了地区之间交流合作，导致协同推进对外开放存在一定脱节。

五、辽宁沿海经济带与东北地区协同推进对外开放的对策建议

一是推动六大港口协调发展，优化对外开放环境。辽宁沿海经济带虽然由六大港口组成，但是大连港处于绝对的核心地位，无论是港口建设水平还是货物吞吐量都远超其余五大港口。东北地区尤其是辽宁省要加大对各个港口的重视程度，完善港口建设，根据各港口城市的相对优势，因地制宜建设，推动港口群错位分工，促进辽宁沿海经济带六大港口协调发展，打造港口集群优势。加强港口硬件设施的同时，优化港口区域内软环境。政府要转变思维方式，相关部门增强服务意识，提高区域内经济发展环境，增强对外吸引力。

二是加强港口和内陆交通衔接发展，提高对外贸易水平。辽宁沿海经济带位于东北地区最南端，和东北腹地之间仍存在空间上的制约，要充分发挥辽宁沿海经济带在东北地区对外开放中的作用，需完善交通建设，打破空间束缚，加强港口基础设施建设，同时完善东北腹地公路铁路交通网，大力发展现代物流业，促进港口和内陆交通衔接。东北地区想要实现协同推进对外开放的愿景，就要构筑连通东北地区与国际的互动桥梁，由沿海到内陆实现“运输一体化”，完善物流服务，进而提高对外贸易水平，扩大对外开放程度。

三是加强城市之间的紧密联系，提高协同推进对外开放实力。东北地区省份之间，大中城市之间要打破行政壁垒，加强资源整合，促进要素在区域内自由流动，特别是资本、人才、信息、项目、市场互动，促进建立沿海与腹地共同发展格局。各省市之间定期开展会议共同讨论交流，集思广益，共同谋划，同时加强监督和管理，将规划和愿景落到实处。在遵从利益共享、共赢原则的基础上，加强沿海和腹地互动，实现产业对接，优势互补，提高东北地区整体发展水平和经营环境，更有利于吸引外资，加快区域的共同发展，协同推进对外开放。

四是做好海洋环境保护工作，推动对外开放可持续发展。辽宁沿海经济带海洋环境污染问题日益严重，应及时调整沿海地区产业结构，提高产品技术水平和自主创新能力。同时东北地区应充分利用沿海优势，以大连为点，以点带面，打造海洋、冰雪、历史遗迹和自然风光为一体的旅游产业发展，突出特色优势，吸引国内外游客，

形成东北旅游品牌，承接更多国际会议和活动，扩大东北地区国际影响力，推动对外开放规模进一步扩大。

五是抓住机遇，迎接挑战，大力开拓国际市场。受新冠肺炎疫情冲击，东北地区对外开放步伐放缓，同时东北亚作为东北最大的经贸往来地区，东北亚局势并不向好，东北地区对外开放面临更多挑战。东北地区要抓住机遇，迎接挑战，主动开拓新市场，在逆境中发展。

参考文献

[1] 宋迎昌. 中国沿海地区外向型经济发展的国际背景分析 [J]. 地理学报，1996 (03): 193 - 201.

[2] 王会军，韩增林，林晓. 辽宁沿海经济带发展开放型经济的对策研究 [J]. 海洋开发与管理，2015 (02): 85 - 89.

[3] 李飞. 辽宁沿海经济带开发战略及深层次发展问题研究 [M]. 第 1 版. 辽宁沈阳: 辽宁大学，2012.

[4] 杨虹. 辽宁沿海经济带对外开放的思考 [J]. 大连干部学刊，2010 (07): 22 - 23.

[5] 韩增林，郭建科，杨大海. 辽宁沿海经济带与东北腹地城市流空间联系及互动策略 [J]. 经济地理，2011 (05): 741 - 747.

[6] 李靖宇，刘海楠. 论辽宁沿海经济带开发的战略投放体系 [J]. 东北财经大学学报，2009 (05): 47 - 54.

Study on the Status and Role of Liaoning Coastal Economic Belt in the Northeast Region's Promotion of Opening-up

Xie Di　Zhao Yanan

Abstract: Liaoning coastal economic belt as the major sea ports of the northeast region and the important window of opening-up the northeast region, which played an important role in the opening-up of the northeast. This paper aims to analyse the status and role of the Liaoning coastal economic belt in promoting the opening-up of the northeast region, firstly to describe the objectivity of the priority given to the development of export-oriented economy in coastal areas. In turn, a SWOT analysis of the Liaoning coastal economic belt. Empirical analysis of the role of the Liaoning coastal economic belt in promoting the opening-up of the northeast region using a VAR model. The results show that although the Liaoning coastal economic belt has played a role in promoting the opening-up of northeast region, its role is not obvious. With this in mind, this paper summarizes the current problems of Liaoning coastal economic belt and the northeast region in promoting opening-up, and puts forward corresponding policy recommendations.

Keywords: Liaoning coastal economic belt　Opening-up　VAR model

人口结构转变对人身保险市场发展的影响研究
——以辽宁省为例*

张华新　刘海莺　田　卓**

摘　要： 人口结构的变化会对人身保险的发展产生影响，但目前关于人口结构对人身保险的影响方面学界尚未形成统一结论，且当前研究普遍基于全国数据进行分析，以辽宁省数据为基础进行研究的则较少。本文以2002～2019年辽宁省的相关时间序列数据为基础，将相关指标进行量化，通过OLS法实证分析了人口结构对人身保险的影响，并将人身保险细分为寿险以及健康险做进一步分析。研究发现：家庭规模、综合城镇化率以及受教育程度对人身险和寿险均具有显著影响，少儿抚养比以及综合城镇化率对健康险具有显著负向影响。最后，在此研究基础上，本文针对人口结构对人身险以及寿险、健康险的影响，提出了相关建议。

关键词： 人口结构　人身保险　需求

一、引　言

人口结构转变与经济发展之间的作用关系是双向的，人口结构的转变是经济变动趋势结果的体现，又是影响经济变动趋势的重要因素之一。[1] 随着现代医学的进步，出生率与死亡率的下降、人类平均寿命得到大幅延长，现代社会人口结构产生了巨大转变。近些年，辽宁省经济下滑，人口老龄化问题严峻、人口流失严重，人口结构与

* 基金项目：国家社会科学基金项目“经济转型期青年就业创业保障政策体系研究”（19BSH146）。

** 作者简介：张华新：辽宁大学经济学院教授、博士、博士生导师；刘海莺：辽宁大学经济学院教授、博士；田卓：西南财经大学金融学院硕士研究生。

服务业发展具有密不可分的关系。[2]人口结构的转变势必会影响与人口因素息息相关的人身保险业的发展，例如，老龄化进程加剧会增大社会养老负担，人们可能会通过购买保险获得养老保障，从而促进保险业的发展。然而，毕竟保险公司是营利性金融机构，只有符合条件的被保险人才会被保险公司承保，被保险人的身体状况、年龄、职业等都可能会限制其配置人身保险产品，因此人口结构变化对人身保险的影响可能是正面的也可能是负面的。基于此，本文试图利用辽宁省近20年的数据，采用时间序列分析方法，建立模型来探究辽宁省人口结构变化与人身保险发展的内在关系。

具体来说，辽宁省的人口结构呈现以下几个特点：第一，老龄化程度高。按照国际通行标准，我国于2000年步入老龄化社会，而辽宁省早于全国平均水平，在1995年就步入老龄化社会，且老龄化呈上升趋势。第二，生育率低。在20世纪80年代，辽宁省的生育率就低于更替水平，低于当时全国2.584的生育率水平。另外，由于东北地区积极响应国家计划生育政策，生育率持续低迷。[3]到20世纪末，辽宁省生育率低于1.0。[4]在2020年，辽宁省的生育率只有0.73，远远低于人口正常的更替水平。第三，性别比失衡。辽宁省的常住人口性别比一直在101%左右，通过第七次全国人口普查数据，我们知道辽宁省、吉林省是全国两个出现“女多男少”的省份，性别比分别为99.70%、99.69%。这一方面是因为辽宁省人口受教育程度高，男女平等观念强等因素；另一方面是其受自然、经济环境等因素的影响，东北每年都有大量青壮年男性流向南方发达地区。第四，人口流失严重。近年来由于各地区经济发展不平衡，东北老工业地区经济转型迟缓，人口的迁出增加，辽宁省常住人口近10年持续负增长，2020年与2010年两次人口普查相比，辽宁省的人口10年共减少115万多人，这在一定程度上也加快了辽宁省的老龄化进程。而且姜玉（2017）通过对东北地区流动人口的特征进行研究，发现东北三省流出人口的平均年龄低，受教育的程度高。[5]这说明辽宁省不仅仅是人口流失而且是人才流失。适龄劳动力纷纷离开，一方面加剧辽宁省的老龄化、生育率、性别比问题；另一方面高质量人才流失给辽宁省经济转型升级带来困难，由此恶性循环，产生更多问题。

从另一个角度看，人口结构的转变也可能会给辽宁省保险业发展带来新的发展机遇。人身保险是以人的身体本身、健康和寿命作为保险标的的保险，人身保险市场是指人身保险商品的供给与需求关系的总和。人口结构转变必定会对人身保险市场的发展产生影响，人身保险市场发展必须要考虑人口结构相关因素。

因此，本文就辽宁省人口结构转变对人身保险市场的影响加以研究，首先将人口结构划分为三大类，分别是人口自然结构、人口社会结构和人口地域结构，自然结构主要包括性别比与人口年龄结构；地域结构主要是城乡分布、自然与经济区域分布等；社会结构包括人口的婚姻状况、家庭结构、职业类型、受教育程度等。其次，人身保险细分为人寿保险、健康保险和意外伤害保险，由于不同人口结构因素对这三类保险的作用、影响程度等的不同，本文在将人身保险作为整体研究的基础上，再对其分别进行细致的研究讨论，考虑到意外伤害保险与人口结构因素相关性不强故不对其进行研究，只做人口结构转变与人寿保险、健康保险的实证分析。最后，在实证结果的基础上，为辽宁省的人寿保险、健康保险发展提出相关建议，推动辽宁省人口与人身保险市场持续健康发展。

人口问题是辽宁省当前面临的一个严峻而又紧迫的问题，关乎全省每个人、每个家庭的健康可持续发展。当前辽宁省经济、社会发展中所遇到的种种问题，都离不开人口结构因素，因此本文立足于当前辽宁省人口结构问题的方方面面，从过去溯源，找到人口问题的根本所在，试图探求人口结构变化对人们保险意识、保险消费的影响，人口结构变化对人身保险市场发展环境的影响等，找到人口结构转变与人身保险发展的联系、寻求人身保险的发展应如何适应人口结构变化的方案，以推动辽宁省人身险市场发展。

二、文献综述

国外关于人口结构与人身保险市场发展关系的研究较为丰富。如 Barry Dixon 认为，随着人均预期寿命的延长、人口老龄化问题的突出，人们对人身保险的需求将会不断增加。Pollack and Kronebusch 认为，受教育水平会改变人们的医疗服务需求、风险态度等，从而影响人们对健康保险的需求。Preeti Kakar 和 Rajesh Shukla 研究发现，家庭主要收入者的职业稳定与否、受教育程度高低会影响寿险需求的多少，二者均对寿险购买具有正向的促进作用。[6]

国内关于人口结构与保险业发展关系的研究近年逐渐增多，既有关于社会保险的，也有关于商业保险的。首先，在人口结构转变与社会保险的研究中，周依群等分析了我国当前面临严峻的人口形势，指出我国社会保险发展必须适应这些变化和趋势。[7]张磊、牟路平研究发现，人口老龄化有利于保费增长，人口城镇化有助于提升保险需求[8]。其次，在人口结构转变与商业保险的研究中，王怿丹指出，我国当前的人口变化趋势为老龄化、少子化和家庭小型化，并在此基础上定性地分析了影响商业保险购买决策的因素。[9]其中，研究最为丰富的是人口老龄化与人身保险的关系。张连增等研究发现，人口老龄化率与人身保险市场发展存在稳定的正相关关系，还发现随着老龄化进程的加深，其对人身保险市场发展的作用越大，具体来说，老龄化越高，两者的弹性系数越大。[10]袁成等的研究表明，人口老龄化会极大地刺激人们对人身保险的需求，而且在老龄化进程高的地区，这种刺激作用会更强。[11]敖玉兰等的研究表明，老年人口比对寿险密度存在边际效应递减效应，而对寿险深度存在边际效应递增效应，基于中国目前的保险业发展水平，中国的人口老龄化进程会带动人身保险的发展。[12]以上这些研究结果都表明人口老龄化对人身保险市场的发展具有促进作用，但是也有一些研究得出不一致的结论，例如张冲实证研究发现，老年抚养系数对人身保险市场的影响并不明显，而少儿抚养系数会显著地促进人身保险市场的发展，其解释为老年人用于医疗保健的支出增加而减少了对人身保险的消费。[13]樊纲治等以家庭为单位，利用2013年中国家庭金融调查数据研究发现家庭中老年人口占比与家庭人身保险需求呈现负相关关系，虽然老人的需求强，但消费不足，家庭更多地将关爱集中于孩子。[14]此外，还有一些研究只针对人口结构的一个方面，比如王晓全等以家庭婚姻状况为切入点，研究其与家庭人身保险需求的关系，发现婚姻能显著提高家庭商业人身保险的需求意愿与程度。[15]王宏扬等研究家庭抚养责任与人身保险需求的关系，发现“三明治夹心”一代的人身保险参与感更强、保费支出更多。[16]另外，还有少数研究着眼于人口结构与健康保险的关系，例如齐子鹏等通过人口结构各个方面对健康保险需求的影响研究，发现我国家庭规模、受教育程度、少年儿童抚养比等对商业健康保险需求具有显著的正向影响。[17]

综上所述，我们发现虽然近几年关于人口结构与人身保险的研究增多，但更多的是研究人口自然结构对人身保险的影响，有些虽然涉及人口社会结构，加入了受教育程度、职业类型等，但也只是加入部分变量，真正全面系统研究人口结构方方面面对人身保险影响的比较少，因此，本文将人口结构因素的各个方面纳入考虑，还设置了三个被解释变量，分别是关于人身保险密度、人寿保险密度、健康保险密度。同过往文献相比，在研究对象上，本文研究分析了辽宁省的具体情况，以辽宁省最新的统计数据为切入点，对辽宁省人口结构变化与人身保险的发展做深入、具体、全面的分析，并据此提出针对性的建议。在研究广度上，不同于过往的文献仅研究年龄结构或城镇结构等单一人口结构，本文将人口结构完全纳入研究体系，拓展了人口结构对人身保险影响的研究广度。在研究深度角度上，本文在将人身保险作为整体研究的基础上，再将人身保险细分为人寿保险和健康保险进行研究，分析了人口结构对不同类型的商业人身保险的影响。

三、辽宁省人口结构变化及人身保险市场发展状况

（一）辽宁省人口结构变化

从人口年龄结构来看，如图1，根据第七次人口普查的结果，辽宁省年龄结构呈

现少子高龄化的显著特点。一方面，辽宁省60岁及以上人口比例为25.72%，占总人口的1/4；65岁及以上人口比例为17.42%，这表明平均每3个辽宁人就要承担一位老年人的养老负担。就全国而言，60岁及以上老年人口占总人口的约1/3，辽宁省的养老压力高于全国水平。另一方面，辽宁省0~14岁儿童占比11.12%，远低于全国17.95%的平均水平，说明辽宁省人口出生率较低、妇女生育意愿不高。由于辽宁省人口结构较早、较快地转变为“低出生率、低死亡率、低自然增长率”的趋势，使得辽宁省人口自然结构情况不容乐观。

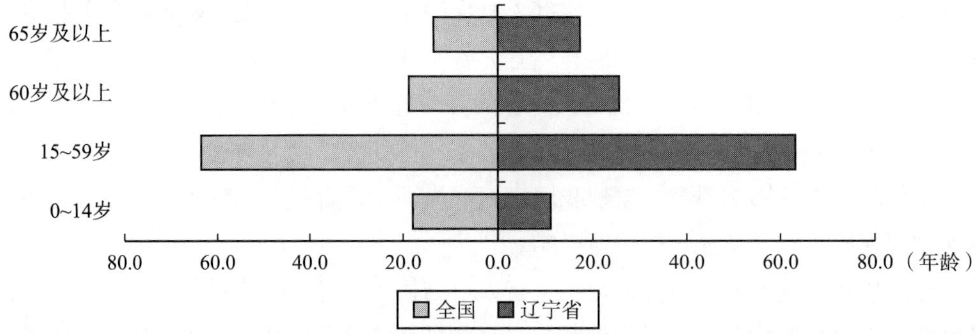

图1　第七次人口普查人口年龄结构

从抚养比来看，如图2，辽宁省少儿抚养比从2002~2019年逐年下降，而老年抚养比则逐年上升，这说明辽宁省家庭结构的“倒三角”特点突出，独生子女、无子女家庭较多。

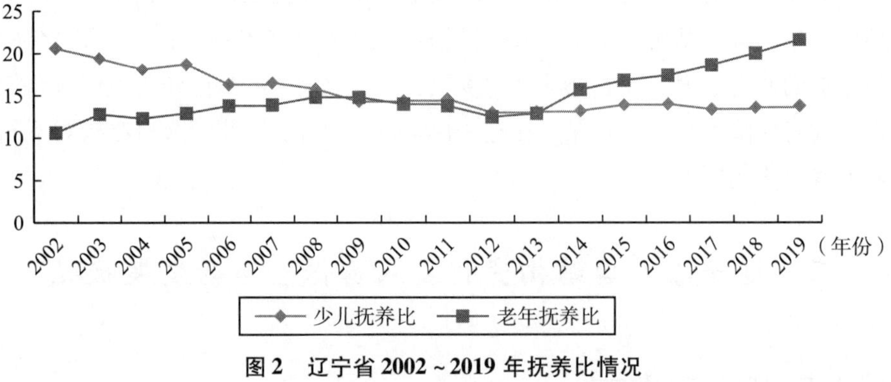

图2　辽宁省2002~2019年抚养比情况

从人口性别比来看，辽宁省省性别比近20年来都在100%~102%徘徊，偏离国际公认的103% ~107%的正常范围。近几年女性人口略多于男性人口，与全国其他省份情况截然相反。

从家庭规模来看，如图3，辽宁省家庭户规模从2002 ~2019 年不断下降，说明辽宁省家庭规模不断朝小型化以及核心化发展。

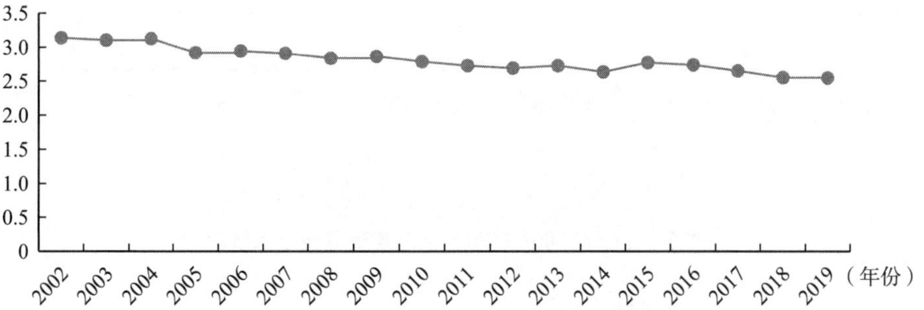

图3　辽宁省2002 ~2019 年家庭户规模情况

从职业类型来看，受东北振兴政策推动，辽宁省传统产业优势在逐渐弱化，第三产业成为辽宁 GDP 增长的主要动力，从事第三产业的劳动力人口有所增加。从人口地域结构来看，如图4，辽宁省城镇人口比例快速上升，从2002 ~2019 年由55%上升至69%，在以城镇人口占比衡量城镇化水平的前提下，辽宁省城镇化水平快速稳步提升。

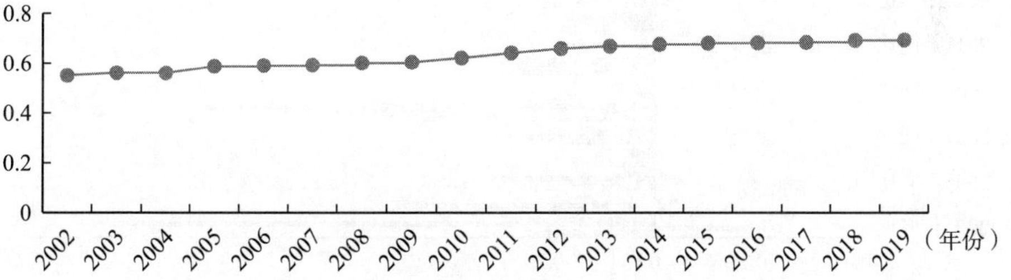

图4　辽宁省2002 ~2019 年城镇人口占总人口比例情况

（二）辽宁省人身保险市场发展状况

以保费收入作为衡量保险市场发展的依据，从辽宁省人身险收入来看，除个别年份略有小幅回落外，总体来说辽宁省人身险市场呈现发展向上的态势（见图5）。辽宁省2019 年人身险保费密度为2147 元，同年全国人身险保费密度为2198 元，虽然人身险近年来不断发展，但与全国平均水平相比仍有一些差距，与京津冀、长三角、珠三角等经济发达地区相差较大。辽宁省人身保险市场还有较大的发展空间。

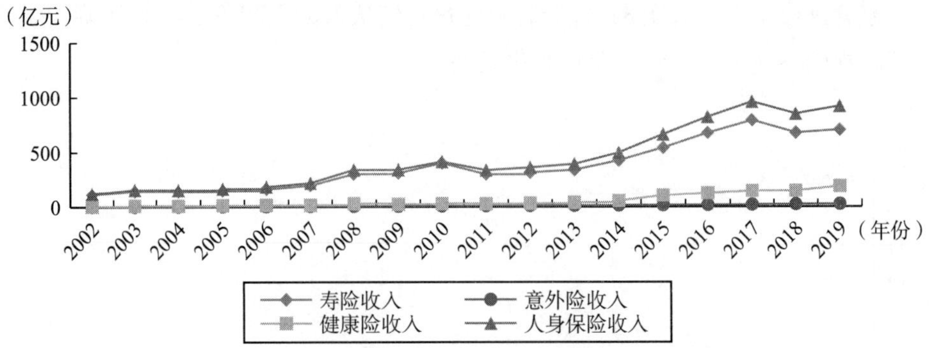

图5　辽宁省2002～2019年人身险保费收入情况

寿险收入占人身险收入的比重从2002年的92.8%下降至2019年的76.6%，虽然占比有所下降但仍然占据人身险收入绝大部分。同时，寿险收入占比略高于2019年73%的全国水平。说明辽宁省健康险与意外险发展得不够充分，目前仍以寿险作为人身险的主要收入来源（见图6）。

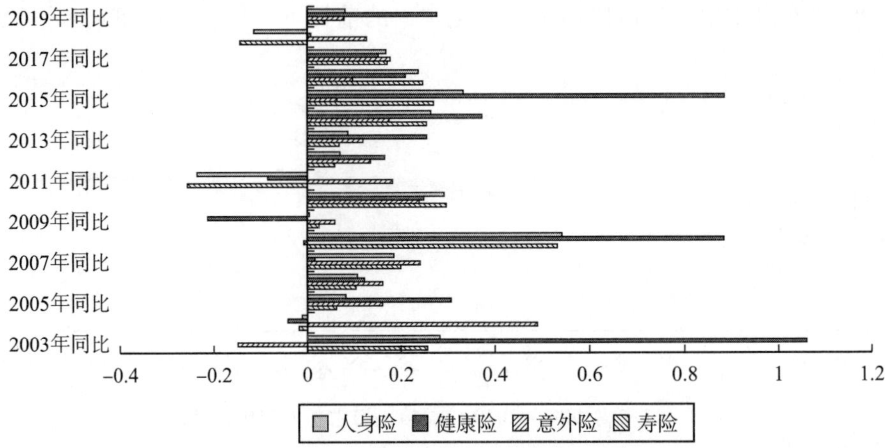

图6　辽宁省2003～2019年人身险保费收入同比增长情况

健康险与意外险占比较少。意外险保费收入较为平稳，逐年小幅度增加。而健康险发展迅猛，在多个年份同比增加均超80%，如在2015年增加至105.5亿元，同比增加88%。

四、人口结构转变对人身保险市场的影响机理

（一）人口自然结构方面

老龄化问题可能会给人身保险市场带来发展的机遇，也有可能不利于人身保险市场环境的扩大。具体来说，一方面，基于人口老龄化进程加剧，家庭、社会养老负担加重，人们会很大概率通过购买保险来解决养老、医疗等问题，从这个意义来讲，人口老龄化会促进人身保险市场的发展；另一方面，虽然老年人口呈井喷式增长，但是可保人群的比例却不高，老年人由于健康情况、年龄等因素被拒保或保费水平较高，从而产生人口老龄化会抑制人身保险需求的结果。少儿抚养比对人身保险需求同样也有正负两方面的作用。一方面，家庭更倾向于将注意力集中在独生子女身上，家庭更愿意为弱小的孩子购买人身保险。同时家长会担心自己年老后给子女带来沉重的养老、治病负担，可能也会为自己配置人身保险。因此，随着少年抚养比的提升，家庭对人身保险的需求会更旺盛。另一方面，由于少儿抚养、教育成本和房贷的多重压力的影响，在一定程度上会抑制人身保险的需求。

如图7，从辽宁省近20年少儿抚养比和老年抚养比与人身保险保费的散点图来看，可以粗略得出：少儿抚养比与人身保险保费收入呈负相关关系，老年抚养比与人身保险保费收入呈正相关关系，并且各个时间段的图像斜率大小不同，两者的关系强度处于不断的变化当中。通过对比两条曲线，可得出老年抚养比与保费收入的线性关系要强于少儿抚养比，前者几乎是后者的两倍，辽宁省的老龄化情况对人身保险的影响较大。

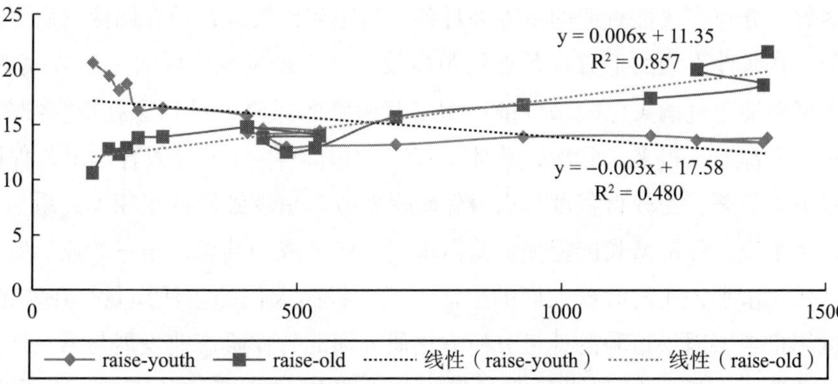

图7　少儿抚养比/老年抚养比与人身保险保费关系

性别比与人身保险市场发展的关系分析如下：第一，生理学和心理学的研究成果都表明，人们的风险偏好存在性别差异。何贵兵（2002）等研究发现，在获益的情况下，男性更加偏好风险；在损失情况下，女性更倾向于规避风险。[18]因此女性更愿意为自己和家人配置保险以规避风险。在产品选择上，女性则更倾向于生存保险，男性则倾向于死亡保险。第二，第七次人口普查数据显示，女性平均预期寿命高于男性，女性面临的长寿风险更大，对人身保险的需求也相应更多。第三，男性通常是家庭收入的主要来源，其患病、死亡对家庭造成的打击更大，经济成本更高，同时由于工作性质等因素男性面临更多风险因素，所以就家庭来说男性更应该配置人身保险。

（二）人口社会结构方面

袁成（2017）认为受教育程度的提高必然会提升大众的保险意识。[19]同时，受教育程度与个人的收入水平息息相关，收入水平的提高会促进保险消费，所以文化教育水平的提高会直接、间接地提升人们对人身保险的需求。

在家庭规模方面，家庭规模目前正在向小型化和核心化转变（张磊，2013）。[8]家庭规模小型化的主要特征为，家庭人口数量不断减少，单身家庭、单亲家庭、空巢家庭不断增加。就风险承受能力而言，大家庭的风险承受能力优于小家庭的风险承受能力，家庭结构趋于小型化就意味着家庭遭遇风险的因素会变大，更多家庭通过保险寻求获得保障，促使整个社会的保险意识、保险需求提升。而且由于社会风险的增大，独生子女的安全健康已成为家庭的重要问题，因此与孩子有关的保险产品市场未来可观。[20]但另一方面，其也可能会抑制人身保险的发展，就单身家庭而言，不存在赡养老人的压力，故而对养老保险的需求较少。

如图 8 所示，从辽宁省近 20 年受教育程度和家庭规模与人身保险保费的散点图来看，首先，家庭规模与人身保险保费收入在总体上呈负相关关系，在图像的前半段，大多数点分布在线性直线的下方并且各点的距离比较近，而在图像的后半段，大多数点分布在线性直线的上方且各点的距离较远，不难发现，随着家庭规模的变小，人们越来越多地通过购买保险来分散小型家庭面临的风险，平均家庭规模细微减小，但是保费收入却增长很多。其次，总体上辽宁省近 20 年公民受教育水平与保险保费收入关系不太显著，受教育程度与人身保险保费收入呈现细微的正相关关系。

理论上来说，经济增长能促使保险需求增加已经成为共识，第三产业的发展不仅能促进现代化水平，还能改善人们的生活方式、提高人们的生活质量。在实证方面，李林等运用格兰杰因果检验的计量分析方法研究河北省保险产业发展与第三产业经济增长两者的关系，其结果表明河北省保险产业发展和经济增长有着互相促进的作用。[21]即保险产业发展是第三产业经济增长的原因，第三产业经济增长又对保险产业发展起着促进作用。而针对辽宁省的情况，还有待分析研究。

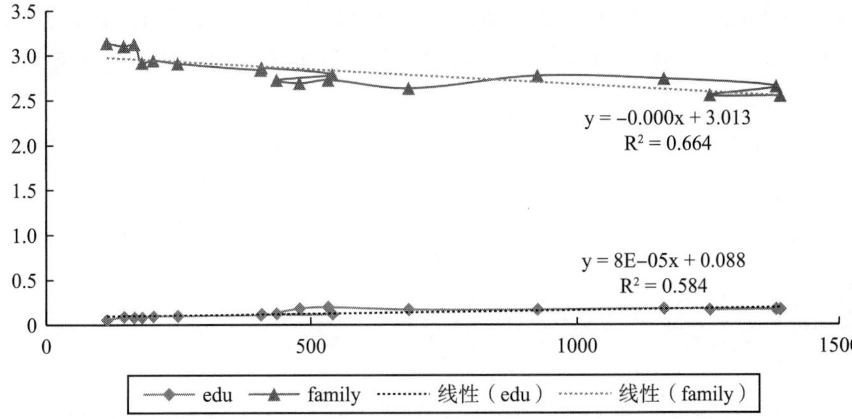

图 8　受教育程度和家庭规模与人身保险保费的关系

（三）人口地域结构方面

城镇人口的经济能力、保险意识、受教育程度等普遍来说会高于农村人口，因此从理论上看，人口地域结构的改变，即城镇化水平的提升会使得人身保险市场进一步发展、人身保险的需求量进一步上升。

值得注意的是我国过去十几年正处于快速的城乡转换期，虽然大量农村人口被计入城镇人口，但其经济水平、受教育程度以及对保险的认知程度与原本的城镇人口仍然存在差异，而认知水平、收入水平的转变需要较长的周期，因此新增的被计入城镇人口的这部分农村人口虽然能促进城镇化水平的提高，却并不必然导致人身保险需求量的提升，尤其是投入周期长、成本较高且流动性不高的人寿保险，这部分人口对其需求程度可能并不如预想的显著。而对于健康险来说，这一城乡转化对健康保险需求的影响明显要高于对寿险保险需求的影响。一方面，健康险的投入周期不如人寿保险长，成本也相对较低，这部分人口相对更有动力投保健康险；另一方面，健康险在城镇的营销力度远大于农村，其接触健康保险的概率大大增加。再者，从需求角度来说，农村人口转变为城镇人口，其就业会由农业转向工业，社会的工业生产人口增加、工业化程度增高，其面临的健康风险的种类、人数相较于农业也会增加，面临的健康风险程度也更高，因此相较于原本从事农业时会更有动力投保健康保险。

从图 9 和图 10 可以看出，城镇化进程与健康险保费收入、人寿险保费收入的关系呈现类似的图像关系，辽宁省的城镇化进程与两种保费收入总体呈现一定的正相关关系，但也有少数年份出现异常情况，如在图 9 中有个别年份城镇化水平较高但健康险保费收入较低，在图 10 中有些年份城镇化水平高但人寿险保费收入却不高。并且还可以看出在前期这种正相关关系更加显著，图像的斜率更大，随着时间的增长，图像的斜率由大变小，图像日趋平缓，其正相关的线性关系变弱，城镇化进程对保险市场的促进作用减弱。

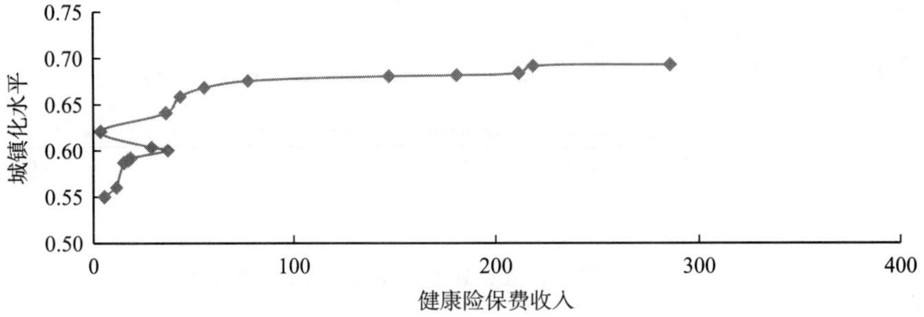

图 9　城镇化与健康险保费关系

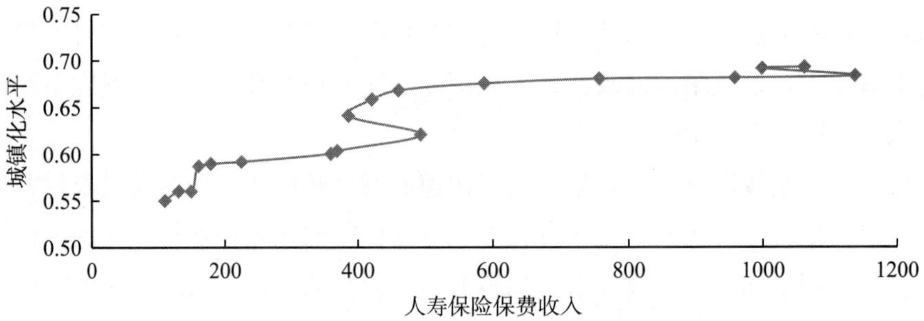

图 10　城镇化与人寿险保费关系

五、实 证 分 析

（一）变量选取

1. 被解释变量

为估计辽宁省人口结构对人身保险市场的影响，选取人身保险保费密度的对数 ln_ave_life1 作为第一个被解释变量，人寿保险保费密度的对数 ln_ave_life2 作为第二个被解释变量，健康保险保费密度的对数 ln_ave_health 作为第三个被解释变量，分别做三次回归。考虑到存在通货膨胀因素，历年的保费收入按 2002 年不变价做了平减处理，得到实际保费收入，再除以辽宁省年末常住人口得到保费密度指标，最后为消除异方差的影响，对数据进行取对数处理。

2. 解释变量

人口的自然结构中，本文选取的是年龄结构和性别结构。其中，用少年儿童抚养比（youth）和老年人抚养比（old）表示我省年龄结构特征，该指标由辽宁省 0～14 岁人口数和 65 岁及以上人口数分别占 15～64 岁人口的比重表示，老年抚养比既可以表明辽宁省的人口老龄化程度，还可以显示我省所承担的养老负担；用辽宁省男女性别比例（男＝100）表示辽宁省的性别结构（gender）。

人口的地域结构中，本文选取的是人口城乡结构。我们选择综合城镇化水平（urban）表示人口城乡结构，综合城镇化水平用辽宁省工业化率与城镇化率之比进行衡量。其中，工业化率的量化指标为工业增加值占全部生产总值的比重，城镇化率的量化指标为城镇常住人口占总常住人口的比重。

人口的社会结构中，本文选取的是受教育水平和家庭规模。受教育水平（edu）用辽宁省大专以上学历的人口占比来表示；平均家庭规模（famliy）用辽宁省平均家庭户规模（人/户）表示。

3. 控制变量

由于本次研究仅针对辽宁省，故法律、政治、民族、宗教等因素对人身保险市场发展的影响可忽略，我们主要考虑经济发展水平、通货膨胀、金融市场发展程度等因素的影响，因为从过往文献来看，后者均为影响人身保险市场发展的重要因素。其中，我们用人均 GDP（ave_gdp）表示辽宁省经济发展状况和人民生活水平，该指标以 2002 年不变价格作为基期做了平减处理，为消除异方差做取对数处理；用辽宁省全部贷款余额与全部存款余额的比重表示金融市场发展程度（finance）。

（二）数据来源及描述性统计

本研究根据数据实际的收集情况，最终确定样本期为 2002～2019 年。历年保费收入数据来自历年《中国保险年鉴》。辽宁省人口总数、GDP、CPI、全部贷款余额、全部存款余额、0～14 岁人口数、65 岁以上人口数、男女性别比例、大专以上学历的人口占比、平均家庭户规模、工业增加值、城镇化率等数据均来自《中国统计年鉴》（2002—2019）。此外，为了确保时间序列数据充足，我们通过 Eviews 将数据频率进行转换，将收集到的年度数据转换成季度数据。各变量的描述性统计结果如表 1 所示。

表 1　　各变量的描述性统计（2002～2019）

变量	Obs	Mean	Std. Dev.	Min	Max
Life1	72	591.754	432.502	99.427	1494.722
Life2	72	496.539	338.411	101.085	1149.671
health	72	78.075	87.479	1.501	324.183
raise youth	72	15.376	2.337	12.8	21
raise old	72	14.954	2.862	9.2	22.2
ave gdp	72	44970.647	23360.12	12652.06	88420.281
famliy	72	2.813	0.179	2.533	3.163
edu	72	0.133	0.043	0.033	0.2
gender	72	1.012	0.008	1	1.027
loantodepositratio	72	0.727	0.048	0.645	0.84
urban	72	0.653	0.119	0.463	0.785

（三）平稳性检验

时间序列数据一般存在平稳性问题，因此在进行回归之前需要进行平稳性检验，即检验该时间序列是否存在单位根，一些非平稳的时间序列本身并没有直接关联，但却可能会表现出共同的变化趋势。如果直接对包含非平稳时间序列的数据进行回归，可能会造成伪回归或虚假回归，导致得到错误的结论。因此，首先利用 ADF 检验来判断时间序列的平稳性，该检验的原假设为存在单位根（即数据为非平稳的）。为保证数据平稳性将三个被解释变量以及人均 GDP 取对数，如描述性统计结果表 1 所示。

检验结果如表 2，在 10% 的显著性水平下，除男女性别比（gender）和老年人抚养比（old）以外原始序列的检验结果都没有拒绝原假设，男女性别比（gender）和老年人抚养比（old）在经过一阶差分后均平稳。

表 2　　各变量的单位根检验结果

变量	T 值	P 值
Ln_ave_life1	－3.691370	0.0300
Ln_ave_life2	－3.687123	0.0303
Ln_ave_health	－1.810372	0.0670
Raise_youth（－1）	－0.3959611	0.0145
Raise_old（－1）	－0.3563668	0.0414

续表

变量	T 值	P 值
Gender	-0.3193501	0.0940
Urban	-3.357890	0.0667
Edu	-1.708370	0.0828
Family	-1.950700	0.0495
Ln_ave_gdp	-3.697	0.024
Finance	-4.140867	0.0093

（四）实证结果分析

采用 OLS 模型对样本数据进行估计，表 3 为回归结果。对于第一个被解释变量（ln_ave_life1），其中第一列是对所有参数进行估计的结果，发现金融市场发展程度（finance）、一阶差分后的少年儿童抚养比（youth）和老年人抚养比（old）都不显著，故剔除这三个变量再次进行回归，得到第二列参数估计结果，全部变量均显著，而且模型拟合程度较高；对于第二个被解释变量（ln_ave_life2），得到与第一个被解释变量类似的结果，于是我们将三个不显著变量剔除后再次回归，得到如下所示的回归结果；对于健康保险，我们发现少年儿童抚养比、城镇化水平较为显著，同上述操作，我们将不显著变量剔除后再次回归，其回归结果如下。三个被解释变量在剔除不显著变量后的回归中拟合优度较高，且模型中的变量都显著。

表 3　　回归结果

变量	人身保险		人寿保险		健康保险	
d_raiseyouth	-0.196 (-1.15)		-0.17 (-0.99)		-2.421*** (-3.79)	-2.288*** (-3.71)
d_raiseold	-0.051 (-0.50)		-0.029 (-0.28)		0.55 (1.42)	
d-gender	0		0		0	
urban	-2.43*** (-6.27)	-1.848*** (-6.79)	-1.96*** (-5.03)	-1.447*** (-5.45)	-7.955*** (-5.47)	-8.053*** (-7.3)
edu	-6.132*** (-4.70)	-5.46*** (1.139)	-5.94*** (-4.52)	-5.482*** (-4.93)	-3.82 (-0.78)	

续表

变量	人身保险		人寿保险		健康保险	
famliy	1.033** (2.40)	0.835** (0.371)	1.145** (2.64)	0.965*** (2.66)	1.857 (1.15)	
Ln_ave_gdp	1.569*** (8.43)	1.539*** (9.98)	1.591*** (8.5)	1.571*** (10.43)	1.639** (2.35)	0.818*** (3.68)
finance	-0.828 (-1.33)		-0.856 (-1.37)		-2.744 (-1.17)	
Constant	-18.73*** (-6.19)	-18.926*** (-7.4)	-19.741*** (-6.48)	-20.027*** (-8.02)	-19.886* (-1.75)	-8.314*** (-2.85)
R-squared	0.971	0.965	0.967	0.963	0.851	0.841
F-test	218.883	464.183	191.997	431.729	94.408	87.922

注：*** $p<0.01$，** $p<0.05$，* $p<0.1$；括号里为T值。

回归结果显示，在人口结构对寿险的影响中，家庭规模、综合城镇化率以及受教育程度均在1%的水平下显著。家庭规模与寿险密度呈现正向相关关系，从寿险邻域来看，相较于青壮年，老年与儿童面临的人身风险相对来说更大，家庭规模越大通常意味着家庭中老人与小孩所占比重越高，所以对人身保险发展具有显著的正向作用；另外，随着家庭规模扩大，家庭中没有收入来源的成员比例增多，家庭中的青壮年经济支柱的地位愈加显著，为了防止青壮年突发意外导致家庭丧失经济支柱，大规模家庭中的青壮年与小规模家庭相比，前者购买寿险的需求更旺盛。因此，平均家户规模的提升会带来对人身保险需求的提高。综合城镇化率与寿险呈现出负向相关的关系，这点与理论分析中提到的我国目前的国情特色有关，综合城镇化率的提升、城市人口比例的增加并不绝对意味着寿险密度的提升，大量新增的城市人口由于保险意识、经济能力等与原本的城市人口还存在差距，对寿险的需求并不因其城乡户口的转变而提升。受教育程度与寿险密度之间是负相关关系，从理论上来说，保险需求与人们的认知水平有很大关系，但受教育程度越高的人群通常拥有较高水平的社会保障，而且除了保险保障之外还有很多其他的投资选择和风险分散方式，因此居民的人身保险需求就有可能被挤出。

在人口结构对健康险的影响中，少儿抚养比以及综合城镇化率均呈现负向相关关系。这可能是因为少儿抚养负担会增加家庭负担，进而降低家庭的保险支付能力。同时，少儿人口比例的提高意味着人们在未来可以更多地依靠子女来承担医疗负担，因而可能会减少对健康保险的需求。但老年人抚养比和健康险市场发展的关系并不显著，这可能与老年人口的健康险保费较高、老年人的健康险消费心理等因素有关，导致老年人口对健康险的需求并不旺盛。此外，综合城镇化率对健康险是负向影响，原因与寿险类似。

从人口结构对整个人身保险的影响来看，少年抚养比、老年抚养比、性别比均无显著影响，而家庭规模、受教育程度、综合城镇化率均有显著影响。其中，男女性别比对人身保险市场发展的影响并不显著，并不说明人口性别结构与人身保险需求一定不相关，这可能和近年来的数据有关，因为 2002～2019 年辽宁省男女性别比规模总体变动较小，所以人口性别比对人身保险密度的影响很难察觉。老年人抚养比对人身保险市场影响并不显著，这是因为老年人由于疾病、年龄的问题可能会面临拒保和过高的保费费率等情况，因此人口年龄结构中老年人口比例的提升不能必然促进新保单数量增加。根据回归结果显示，老年人抚养比同人身保险市场发展呈负相关关系，这与张冲 2013 年使用 2004～2011 年的省际面板数据进行动态面板回归分析得出的结果一致，分析原因，可能是由于老年人口比重上升导致居民在医疗保健等方面的消费支出增多，削弱了人们的消费能力，从而导致人们减少了对人身保险的消费。少儿抚养比虽然对健康险存在显著影响，但由于人身保险构成中健康险保费收入比重小，且少儿抚养比对寿险影响不显著，因此少儿抚养比对人身保险影响并不显著。另外，在人口地域结构中，本文选取综合城镇化作为指标进行衡量，综合城镇化是工业化与城镇化的比值。根据回归结果显示，该变量对被解释变量有负向影响，一方面表明工业化对人身保险市场发展具有负向影响，随着工业化进程加快，进入企业的人数增多，大多数企业都会为员工投保社会保险，社会保险对商业人身保险有挤出效应；另一方面虽然在城乡高速转换期，城镇人口的增加对人身保险需求的影响不如预期，但城镇化对人们生活方式的转变、人口向城市的集聚和流动使得保险业的发展成本下降等仍能发挥一定作用，因此在工业化水平不变的基础上，城镇化率越高对人身保险发展的负向影响越弱。

除此之外，通过研究我们还发现控制变量人均 GDP 的对数对人身保险密度有着显著的正向影响，而金融市场发展程度对人身保险市场发展没有显著影响。

六、人身保险市场应对人口结构变化的发展对策

本文基于 2002～2019 年辽宁省人口结构数据以及历年保费数据，考察了 2002～2019 年辽宁省人口结构中的人口自然结构、人口社会结构、人口地域结构变动对辽宁省人身保险市场发展的影响，但由于涉及变量较多，本文综合考虑多种原因后，最终选择年龄结构、性别结构、城乡结构、教育结构、家庭结构等指标代表人口结构。

研究结果发现，在人口结构对寿险的影响中，家庭规模与寿险呈现正相关关系，综合城镇化率和受教育水平与寿险呈现负相关关系。在人口对健康险的影响中，少儿抚养比和综合城镇化率与健康险需求呈负向相关关系，老年人抚养比与健康险市场发展关系不显著。从人口结构对人身保险影响的总体来看，少年抚养比、老年抚养比、性别比与人身保险市场关系不显著，家庭规模、受教育程度、综合城镇化率对人身保险市场发展有显著影响。此外，实证研究还发现人均 GDP 对人身保险市场发展有着显著正向影响，金融市场发展对人身保险市场发展没有显著影响。基于以上结论，本文分别就商业健康保险市场和寿险市场提出以下建议。

（一）商业健康险市场应对人口结构变化的发展对策

1. 大力发展更具针对性的老年保险产品

实证结果表明老年人抚养比和健康险市场发展的关系并不显著，从另一个角度看这恰恰给商业保险公司带来新的发展空间，各商业保险公司不能“束之高阁”而应借此大力创新，利用好这一千多万庞大的老年人群体。

首先对于长护险来说，辽宁省人口老龄化进程加剧，家庭结构小型化趋势明显，老年人口的增加势必会带来失能人数的增加，给“421”倒金字塔结构的家庭带来沉重的负担。而缓解这一问题的长护险发展得并不好，长护险的市场份额不到整个健康险 1%，存在着产品性价比不高、投资功能大于其保障功能、护理保障限制过多、给付模式单一等问题。发展长护险。在产品设计上，商业保险公司其可以借鉴以下三种开发思路：一是扩展承保人群。一方面扩展承保年龄，扩大承保面；另一方面商业长护险可与意外险、互联网保险等业务联合，扩展青年客户群体。二是发展多层次护理保险，借鉴德国经验，按照需要护理的程度将受益人划分为几个等级，设计差异化的产品和核保规则，提高老年人的可承保性和获取保障的可及性。三是发展团体护理保险，通过团体投保方式可以降低逆向选择和道德风险，弱化公司所承担的风险。此外，可以考虑发展相互制长护险制度，目前社会型、商业长护险的发展都存在或多或少的问题与阻碍，相互制保险不以营利为目的，能最大限度保障投保人利益，还具有产品性价比高、逆向风险小等优点，契合长护险的长远发展。

对于医疗险来说，提出以下建议：一是针对辽宁省庞大的老年群体，将保险保障聚焦于更具实质意义的大病、慢病中。一方面设置更宽松的核保规则扩大老年人的可承保性；另一方面通过提高免赔额控制风险。二是积极开发长期医疗保险，保障客户获得续保权力。三是积极开发互联网医疗服务。在疫情常态化大环境中，顺势打造互联网门诊、互联网体检等服务，提高对疾病的预防能力，做公众的健康管家。

2. 开发性价比更高、价格低廉的保险产品

综合城镇化率与健康险发展呈现负相关关系，就目前来看，辽宁省城镇化进程并没有促使健康保险需求的释放，新增城镇人口生活方式、社会文化意识尚未培育起来，大多人口经济水平不高，城镇化质量并没有与城镇化水平同步提高。但从历史经验来看，这部分人群中有极大的保险消费潜力，保险公司应当把握城镇化进程带来的机遇，据此提出以下两点建议：一是迎合年轻、低收入群体。新增的被计入城镇人口的群体尚不能对投入周期长、成本高、流动性小的重疾险产品形成有效需求。保险公司应着力开发保障效率更高、价格更低廉的重疾险产品，让更多年轻人能够负担得起，减少家庭支柱患病给家庭带来的经济冲击。二是积极宣传健康保险，培育公众保险意识，营造良好的社会氛围。

（二）寿险市场应对人口结构变化的发展对策

1. 开发新的保险产品以拓宽客户需求

就经验来说，受教育程度与寿险需求应当是呈现正向相关的关系，然而根据辽宁省数据来看则与之相反，原因是随着受教育程度的提高，这部分人群有更高的社会保障水平、更多其他的投资选择和风险管理方式，从而挤出了寿险消费。这说明对于此类受过较高水平教育的人群来说，目前辽宁省的保险产品范围、保障水平等并不能在原有的社会保障水平下，进一步令其产生商业寿险消费需求。导致辽宁省受过较高水平教育人群对寿险需求不足的另一个原因是该群体更倾向于将资金用于非保险渠道进行投资。这从反面说明投资型寿险，即投连险、分红险、万能险的发展还有很大空间。

2. 综合考量市场需求变化

家庭规模对寿险发展呈正向影响，随着我国三孩政策开放，辽宁省寿险发展存在利好预期。但需要注意的是随着家庭成员尤其是子女规模的扩大，家庭收入势必会有一部分投入到子女身上，从而导致保险购买力的下降。因此在家庭规模逐步扩大的预期背景下，保险公司除了看到利好趋势还要对保费进行适当的把控。另外，辽宁省由于此前计划生育工作落实得比较到位，家庭规模相较于全国其他省份来说较小，从目前省际数据得出的结果来看家庭规模的扩大会对寿险需求有正向影响，而从其他学者根据全国、其他省份或微观的数据得出的结果来看，过大的家庭规模除了会导致保险购买力的大大下降从而产生负向影响以外，多子家庭从家庭金融理念上也更倾向于通过子女来实现养老保障。因此保险公司对放开三胎后的市场变化也要持续跟踪、研究。

3. 积极发掘城乡转型期新增城镇人口的保险需求潜力

由于收入水平、认知水平等的发展周期较长，因此新增城镇人口并不能对投入周期长、投入资金多的寿险产品立刻产生保险需求，因此综合城镇化的提升对寿险需求反而呈现负向影响，但同时在工业化水平不变的基础上，城镇化率越高对人身保险发展的负向影响越弱，说明城镇人口的增加对寿险发展确实是有利的。这部分人群尚有极大的保险消费潜能未被开发，因此保险公司应当把握我国城乡转化的机遇期，对这部分新增城镇人口进行保险宣传增加其对寿险的认知；同时在保费方面要适当放低，以迎合这部分人口的消费习惯和消费心理，从长期发展的角度来考虑，培养其保险意识和保险购买习惯才是首要目的。

参考文献

［1］沈丹冰．辽宁省人口结构转变对经济发展的影响与对策研究［J］．今日财富（中国知识产权），2021（10）：217－219.

［2］刘苛欣，潘香宇，齐红明．人口结构对辽宁省服务业发展的影响研究［J］．中国集体经济，2019（20）：25－27.

［3］曲波．辽宁省人口政策之法律解析［J］．法制与社会，2017，（18）.

［4］任佳佳，李洪心，何杨．辽宁省人口年龄结构变化对经济增长的效用研究［J］．青年与社会，2018（35）：191－193.

［5］姜玉．东北地区人口迁移流动及其影响研究［D］．吉林：吉林大学，2017.

［6］Preeti Kakar，Rajesh Shukla（2010），The Determinants of Demand for Life Insurance in an Emerging Economy—India，The Journal of Risk and Insurance，Vol. 4，pp. 49－77.

［7］周依群，李乐乐．中国人口结构转变下的社会保险发展［J］．现代管理科学，2017（02）：55－57.

［8］张磊，牟路平．中国人口结构变化对商业保险发展的影响研究［J］．未来与发展，2014，37（04）：48－52.

［9］王怿丹．我国人口结构变化对商业保险购买决策的影响［J］．上海保险，2020（04）：18－20.

［10］张连增，尚颖．中国人口老龄化对人身保险市场发展的影响分析——基于省际面板数据的经验分析［J］．保险研究，2011（01）：46－53.

［11］袁成，李茹．中国人口老龄化对人身保险消费的影响研究［J］．中央财经大学学报，2017（09）：22－31.

[12] 敖玉兰，韩晓峰. 人口年龄结构与保险业发展的国际趋势——基于分位数回归的实证研究 [J]. 保险研究，2015 (02): 24 - 38.

[13] 张冲. 中国人口结构对人身保险市场发展的影响研究 [J]. 保险研究，2013 (04): 63 - 70.

[14] 樊纲治，王宏扬. 家庭人口结构与家庭商业人身保险需求——基于中国家庭金融调查 (CHFS) 数据的实证研究 [J]. 金融研究，2015 (07): 170 - 189.

[15] 王晓全，阎建军，贾昊文，李莹琪. 婚姻对家庭人身保险需求的影响——基于中国家庭金融调查 (CHFS) 的实证研究 [J]. 金融评论，2020，12 (06): 96 - 107 + 123 - 124.

[16] 王宏扬，樊纲治. "三明治夹心"一代的家庭抚养责任与人身保险需求 [J]. 金融论坛，2020，25 (07): 66 - 76.

[17] 齐子鹏，许艺凡，胡洁冰. 基于人口结构角度的商业健康保险需求分析 [J]. 保险研究，2018 (05): 45 - 55.

[18] 何贵兵，梁社红，刘剑. 风险偏好预测中的性别差异和框架效应 [J]. 应用心理学，2002 (04): 19 - 23.

[19] 袁成. 人口结构转变对江苏省人身保险市场发展的影响研究 [J]. 河海大学学报 (哲学社会科学版)，2017，19 (01): 37 - 42.

[20] 廖海亚，游杰. 中国人口结构转变下的保险发展 [J]. 保险研究，2012 (3): 24 - 32.

[21] 李林，赵君彦. 保险产业发展与第三产业经济增长的关系分析——以河北省为例 [J]. 浙江金融，2012 (12): 67 - 69 + 39.

Research on Demographic Structure Transformation and Its Impact on Development of Life Insurance Market

—Take Liaoning Province as an example

Zhang Huaxin　Liu Haiying　Tian Zhuo

Abstract: The change of demographic structure will have an impact on the development of life insurance, but the academic circle has not reached a unified conclusion on the impact of demographic structure on life insurance at present, and the current research is generally based on the analysis of national data, but few based on the data of Liaoning Province. Based on the relevant time series data of Liaoning province from 2002 to 2019, this paper quantifies the relevant indicators, empirically analyzes the impact of demographic structure on life insurance by OLS method, and subdivides life insurance into life insurance and health insurance for further analysis. The results show that family size, comprehensive urbanization rate and education level have significant impact on life insurance and life insurance, while child dependency ratio and comprehensive urbanization rate have significant negative impact on health insurance. Finally, based on this research, this paper puts forward some suggestions on the impact of demographic structure on life insurance and health insurance.

Keywords: Demographic structure　Life insurance　Demand

空气质量规制对就业的影响
——基于劳动技能异质性角度

曹艳秋　殷玉明*

摘　要：空气质量规制是促进经济绿色低碳发展的重要机制，与此同时，随着我国人口老龄化和国际经济形势的复杂化，就业问题趋于严峻。因此，本文致力于探讨空气质量规制对就业的影响。文章首先从理论层面分析空气质量规制和劳动就业之间的影响路径，进一步探讨其对技能异质性劳动者就业的影响。其次，利用2004~2020年30个省份的面板数据进行回归，发现空气质量规制在整体上与就业水平之间存在先下降后上升的"U"型关系，与低技能和高技能劳动者同样存在"U"型关系，但在后期随着空气质量规制的加强，高技能劳动者会对低技能劳动者产生相对替代，中等技能则不显著。同时又从市场化水平、污染程度和技术创新程度的差异分别进行探讨。最终得出结论，决策者在制定相关空气质量规制政策时，不仅要注重协调环境治理和就业的关系，加大对低技能劳动者的技能培训，也需要提高地区市场化程度，增强清洁技术创新能力，进行绿色低碳生产。

关键词：空气质量规制　就业水平　劳动技能异质性　动态面板数据

一、引　　言

在中国经济发展方式转变过程中，空气环境治理和就业稳定一直是关系国计民生的重要问题。随着中国工业化和城镇化发展，一方面空气污染严重，二氧化硫、氮氧化物和烟粉尘排放量不断增加；另一方面温室气体的排放量依旧没有实质性的降低。

* 作者简介：曹艳秋（1969~），女，河北昌黎人，副教授，经济学博士，研究方向：规制经济学；殷玉明（1999~），女，四川泸州人，辽宁大学拔尖学生培养基地，研究方向：政治经济学。

大气污染主要是指生活和生产用化石原料燃烧所产生的二氧化硫、氮氧化物和颗粒物等，这些污染物的增加将会严重影响社会经济运行和人们身体健康。我国虽然不断强调空气环境治理，但大气环境质量依旧不乐观，因此我国在2020年提出了“双碳”政策，致力于经济发展的绿色低碳转型和空气质量的不断优化。面对严峻的大气环境状况，进行空气质量规制刻不容缓。但严格的空气环境标准会减少企业约7%的劳动力需求，同时降低国有民营企业7.4%的就业率（Shadbegian，2014）[1]，让本就突出的就业问题更为严峻。近年来，我国“三期叠加”压力加大，社会主义市场经济不断发展，劳动者就业市场化，失业人口逐渐增加，其中就业问题主要表现在以下两个方面：一是就业总量问题，我国劳动力市场供大于求。二是劳动力结构问题，长期以来，我国第一产业劳动力过剩；第二产业吸纳劳动力的能力降低；第三产业发展放缓使得剩余的劳动力无法向第三产业转移，由此造成我国劳动力结构不平衡的问题。

在空气环境治理和失业率上升的双重压力下，处理好两者间的关系对我国经济发展和社会稳定都具有十分重要的作用。一方面，严格的空气质量规制会让企业限产甚至停产，企业生产规模受限，可能会减少对劳动力的需求，降低就业率。我国吸纳就业的经济主体主要是中小企业，而空气污染防治最大的受害者也是中小企业，由于缺乏资金无法引进清洁生产设备，不得不停产甚至破产，员工也被迫失业。企业的限产和停产又使得部分化工原料价格上涨，物价上涨，人们生活更是雪上加霜。另一方面，空气质量规制对就业的影响并不完全是负向的，也有积极影响，空气质量规制也会在一定程度上增加就业需求，主要表现在以下两个方面：一是加强新能源研究开发，增加环保能源产业发展，减少煤炭、石油等传统化石燃料的使用，加大对新能源科研项目的投资；二是对传统生产技术进行改造，调整产业结构，促进技术创新，鼓励使用清洁技术和绿色工艺进行生产。这两种发展方式都会促进污染废气物和碳排放的减少，提升劳动者就业水平，促进产业和就业结构的调整。与此同时，随着我国大气污染防治理念的逐渐增强，环保行业逐渐发展成为一种新型产业，为空气环境治理和吸纳劳动力做出了重要贡献。探讨空气质量规制对异质性技能劳动者就业的影响，对于如何改善就业技能结构，优化人力资源，促进经济绿色低碳发展具有重要意义。

面对日益严峻的环境和就业问题，中国如何实现空气环境治理和就业稳定的双重红利是当下政策制定者亟待解决的问题，因此本文基于中国现实情况对空气质量规制与就业水平之间的关系进行分析，首先从理论层面探讨空气质量规制对就业影响的成本效应（规模效应）和替代效应，同时把影响具体到不同技能劳动者就业上，分解空气质量规制对异质性技能劳动者就业的影响，从而能更好地研究其对我国总体就业水平的影响。实证分析部分分别基于区域位置差异、空气污染程度和技术创新能力的角度探讨不同地区空气质量规制对异质性技能劳动者就业的影响，为协调空气污染防治和就业稳定提供政策建议。

二、文献综述

首先，关于理论分析部分的综述，现有文献主要利用三种模型来研究空气质量规制对就业的影响，一是可变要素替代弹性的生产函数（沈宏亮、金达，2019）[2]，把劳动力分为高技能和低技能两种类型构造可变要素替代弹性生产函数，再根据劳动力市场的供需均衡求解就业技能结构，最后对空气质量规制强度求导即可得规制强度对就业技能结构的影响；二是柯布—道格拉斯生产函数（Cole et al.，2007）[3]，把污染废气物的排放作为一种要素投入同资本和劳动一起加入柯布—道格拉斯生产函数，空气质量规制强度看作污染物排放的价格计入企业的生产成本，通过企业利润最大化求偏导得出劳动需求函数，再令需求函数对规制强度求导就可得出规制强度对企业劳动力需求的影响；三是利用标准新古典微观经济学分析把空气污染减排投资作为“准固定要素”（Berman，2001）[4]，通过谢泼德引理得出企业劳动力的引致需求，再对空气质量规制求偏导，就可得出空气质量规制对就业的影响。但无论是哪种方法，都要结合实际情况具体分析空气质量规制对就业的替代效应和成本效应才能得出合理的理论假说。

其次，实证分析的研究方法主要包括VAR模型、动态面板模型、门槛回归模型、双重差分、中介效应模型和空间计量等。孙文远、周寒（2020）[5]利用空间计量分析2006~2016年环境规制对就业结构的策略性和互动性影响，探究环境规制的空间溢出效应。李斌等（2019）[6]通过286个地级市的面板数据对两控区利用双重差分模型分析空气质量规制强度对就业的影响。朱金生、李蝶（2019）[7]对清洁行业、高技术行业与污染密集行业进行研究，利用技术创新的中介模型来探讨是否能实现环境治理与就业增长的双重红利。

最后，国内外学者对于空气质量规制对就业的影响做了许多研究，从研究结果看，大致分为几类：第一类认为空气质量规制是“就业杀手”，较强的空气质量规制会抑制就业；第二类提出空气质量规制强度的增加会促进就业增长；第三类发现空气质量规制对就业并非单一的正向或负向影响，而是一种动态关系。早期，格林斯通（Greenstone，2002）[8]利用美国《清洁空气法》基于污染物排放角度将各县划为达标和不达标地区对工业活动的影响进行测量，对企业污染废气物排放进行分析。结果表明，未达标县实施较强的空气质量规制使得其在15年间减少了约60万个就业岗位。沃克（Walker，2011）[9]选取1985~2005年制造业的县级微观数据利用三重差分模型进行分析。发现法律颁布后污染行业的就业率明显下降，失业率增加。同样地，陆旸

(2011)[10]为了探讨中国是否存在环境规制与就业的双重红利，利用VAR模型对高碳行业和低碳行业进行脉冲估计，得出结论：我国的环境规制和就业在现有条件下难以实现双重红利。他们几人的研究结果都表明空气质量规制强度的增加会降低就业水平，增加失业率。而后，马丁（Martin，2014）[11]也认为碳税在劳动力就业需求方面并没有发现显著影响。山崎（Yamazaki，2017）[12]则用2001~2013年分省份行业数据和三重差分方法对加拿大不列颠哥伦比亚省2008年实施的碳税对就业的影响进行估计，发现碳税在2007~2013年平均增加了0.74%的就业水平，并在统计上是显著的，碳税可能会在一定程度上增加整个行业的就业率。任胜钢、李波（2019）[13]认为碳排放交易对企业减少碳排放是有效的，且对劳动力需求具有正向影响。宋严、金洪(2013)[14]也发现碳排放对就业规模有正向影响，同时行业经济发展水平对不同行业碳排放规模的影响存在差异，提高技术发展水平是减少碳排放的有效途径。孙文远、夏凡（2019）[15]利用中国283个地级市的数据构建空间计量模型来分析城市低碳化对就业结构及总量的影响。结果表明城市低碳化政策不仅对就业有正向的空间效应，同时也会影响附近城市的就业水平。同时，也有学者表示空气质量规制与就业之间有动态关系。李梦洁、杜威剑（2014）[16]和王勇（2013）[17]等认为环境规制与就业之间存在先下降后上升的“U”型动态关系，也即环境规制的强度会影响就业水平。只有当环境规制强度达到一定程度时，才能增加就业水平。对于空气质量规制对异质性技能劳动者就业的影响，此类文献较少，多数集中在总体环境规制对就业技能结构的研究上。现有文献对就业技能结构有以下两个方面的划分：一是研发科技人员占总就业人数的比例（李珊珊，2016）[18]；二是按照受教育程度将劳动者划分低技能和高技能劳动者（唐东波，2012）[19]。

近年来，我国对空气环境治理和劳动力就业越来越重视，关于空气质量规制对就业影响的研究成果也逐渐丰富。但大多数依旧集中在对整体就业水平的影响上，少部分研究其对异质性技能劳动者就业的影响，而进一步研究就业技能结构的变化和影响更能解决当前的实际问题。对于实证分析的方法，考虑到就业会受到上一期就业的影响，在模型中引入就业水平的滞后一期项，会产生严重的内生性问题，因此本文将借鉴张先锋、王瑞等（2015）[20]的做法利用广义矩估计（GMM）方法来对动态面板数据进行回归，以减少模型内生性影响。对理论部分的分析学者们已经进行了深入细致的研究，因此本文将在空气质量规制对就业成本效应和替代效应的基础上进一步探究质量规制对异质性技能劳动者就业的影响，按照劳动者的受教育程度分为低中高技能劳动者，逐个进行分析。本文的创新点有以下两点：一是现有文献多以研究空气质量规制对整体就业水平的影响，较少从劳动者技能异质性角度进行分析，因此本文将空气质量规制对就业的影响进行分解，具体到不同技能劳动者就业上；二是本文将利用

K 均值聚类分析将各省份按照空气污染程度和技术创新能力进行分类，探讨不同分类地区空气质量规制对异质性技能劳动者就业的影响。

三、理论分析

（一）模型构建

本文将借鉴 Cole et al.（2007）[3]的研究方法，将企业在生产过程中排放的污染物作为一种生产要素，要素的价格可以看作其规制强度，空气质量规制强度越大，企业排放污染废气物的成本越高。为了研究空气质量规制强度变化对就业的影响，把企业的生产要素简单分为污染要素投入、劳动力投入和资本投入，同时进一步把劳动要素投入细分为中、低、高等技能劳动者要素投入。假设企业的生产函数为柯布—道格拉斯生产函数，具体表现为：

$$Y = AN^{\alpha}K^{\beta}L_1^{\gamma_1}L_2^{\gamma_2}L_3^{\gamma_3} \tag{1}$$

其中，A 表示技术创新，N 代表企业生产所排放的污染废气物，K 则表示企业为了进行生产所投入的资本量，L 为企业雇用的劳动力，也即就业水平。为了更好地探讨空气质量规制对不同技能劳动者就业的影响，进一步将劳动者细分为低技能劳动者（L1）、中等技能劳动者（L2）和高技能劳动者（L3）。同时 α，β，$\gamma \in (0, 1)$，并且生产函数具有规模报酬不变的性质。

（1）假设企业投入污染要素的价格为 Z，因此 Z 也可以看作空气质量规制的强度，资本 K 的价格为 R，劳动 L 的价格为工资 W，不同技能劳动者的工资则用 W1、W2 和 W3 表示。则企业生产所需的总成本为：

$$C = ZN + RK + W_1 \cdot L_1 + W_2 \cdot L_2 + W_3 \cdot L_3 \tag{2}$$

ZN 表示企业投入污染要素的成本，同时也是其排放污染废气所产生的成本，RK 是企业进行投资活动的成本，$W_1 \cdot L_1$ 是雇用低技能劳动力的成本，同理 $W_2 \cdot L_2$ 和 $W_3 \cdot L_3$ 分别代表雇用中等技能和高技能劳动力的成本。

（2）假设 M 代表企业由于排放污染废气而造成的环境污染密度，企业生产的产品越多，排放的污染废气越多，空气环境污染密度也就会增大。空气质量规制 Z 越大，则污染废气排放越少，因此可以得出污染要素投入和空气质量规制的函数：

$$N = YM^{Z},\ 0 < M < 1,\ Z > 1 \tag{3}$$

（3）假设企业生产的目的是自身利润最大化，会根据利润最大化来调整产量和生产要素的投入。因此，企业利润为：

$$\pi = PY - C = PAN^{\alpha}K^{\beta}L_1^{\gamma_1}L_2^{\gamma_2}L_3^{\gamma_3} - (ZN + RK + W_1 \cdot L_1 + W_2 \cdot L_2 + W_3 \cdot L_3) \tag{4}$$

式（4）中P为企业生产产品的市场价格，令式（4）对各要素求偏导，由于企业追求利润最大化，因此求偏导结果等于零：

$$\frac{\partial\pi}{\partial L_1}=\gamma_1 PAN^{\alpha}K^{\beta}L_1^{\gamma_1-1}L_2^{\gamma_2}L_3^{\gamma_3}-W_1=0$$

$$\frac{\partial\pi}{\partial L_2}=\gamma_2 PAN^{\alpha}K^{\beta}L_1^{\gamma_1}L_2^{\gamma_2-1}L_3^{\gamma_3}-W_2=0$$

$$\frac{\partial\pi}{\partial L_3}=\gamma_3 PAN^{\alpha}K^{\beta}L_1^{\gamma_1}L_2^{\gamma_2}L_3^{\gamma_3-1}-W_3=0$$

$$\frac{\partial\pi}{\partial K}=\beta PAN^{\alpha}K^{\beta-1}L_1^{\gamma_1}L_2^{\gamma_2}L_3^{\gamma_3}-R=0$$

$$\frac{\partial\pi}{\partial N}=\alpha PAN^{\alpha-1}K^{\beta}L_1^{\gamma_1}L_2^{\gamma_2}L_3^{\gamma_3}-Z=0 \tag{5}$$

求得：

$$L_1=\frac{\gamma_1}{\alpha W_1}ZN$$

$$L_2=\frac{\gamma_2}{\alpha W_2}ZN$$

$$L_3=\frac{\gamma_3}{\alpha W_3}ZN$$

得出一个共通的公式：

$$L=\frac{\gamma}{\alpha W}ZN \tag{6}$$

由式（6）可以看出劳动力需求与资本产出弹性、污染要素产出弹性、污染要素投入与空气质量规制强度有关。为了进一步得到劳动力需求与空气质量规制强度的关系，令式（6）对空气质量规制强度Z求偏导得：

$$\frac{\partial L}{\partial Z}=\frac{\gamma}{\alpha W}N+\frac{\gamma Z}{\alpha W}\cdot\frac{\partial N}{\partial Z}=\frac{\gamma}{\alpha W}N\left(1+\frac{Z}{N}\cdot\frac{\partial N}{\partial Z}\right)$$

$$=\frac{\gamma}{\alpha W}N(1-\varepsilon_{ZN}) \tag{7}$$

公式中的 ε_{ZN} 为污染要素的需求价格弹性，$\varepsilon_{ZN}=-\frac{z}{N}\cdot\frac{dN}{dZ}$，由于Z代表空气质量规制强度，空气质量规制强度的改变会导致企业污染废气的排放，因此 ε_{ZN} 又可看作废气污染要素的规制弹性。空气质量规制强度越大，企业的生产成本越高，因此会选择减少污染废气的排放使得N减小，于是 $\frac{dN}{dZ}<0$，由于Z，$N>0$，为了使弹性为正，在公式前加上负号。由公式可知α，γ，N，$W>0$，因此 $\frac{\gamma}{\alpha W}N>0$，则空气质量规制对劳动力需求的影响就取决于$1-\varepsilon_{ZN}$是否大于0。倘若$1-\varepsilon_{ZN}>0$，也即$\varepsilon_{ZN}<1$，则空气质量规制会增加企业对劳动力要素的投入，提高就业水平；倘若$1-\varepsilon_{ZN}<0$，也即$\varepsilon_{ZN}>1$，则空气质量规制会减少企业对劳动力要素的投入，降低就业水平。该公式也可分为两个部分，第一个部分$\frac{\gamma}{\alpha W}N$代表空气环境污染要素和劳动力要素的相对价格变动所导致的就业水平的变化。空气质量规制的强度越大，污染废气物排放的相对价格成本就越高，劳动力要素价格相对减少，企业更倾向于减少污染废气物的排放而增加劳动力需求，从而提高就业水平。这种由于空气质量规制和劳动力要素价格相对变化而引起的就业变化为替代效应。公式的第二个部分$\frac{\gamma}{\alpha W}N\cdot\varepsilon_{ZN}$表示企业生产规模变动所引起的就业变化，也即成本效应（规模效应）。成本效应对企业就业的影响存在显著差异，一方面随着空气质量规制的加强，企业污染废气排放成本上升，企业因此会减少产量缩小生产规模，降低污染废气物排放量。产量的缩减也会导致对劳动力需求的减少，从而降低就业水平。另一方面，较强的空气质量规制也会倒逼企业改进生产技术，创新生产工艺，进行绿色低碳生产，从而减少污染废气的排放，降低成本。这是由生产成本促进的企业转型升级和产业结构调整，符合“波特假说”的结论，较强的空气质量规制会在一定程度上刺激企业技术革新，从而增加就业水平。绿色清洁技术的使用需要高素质的劳动者，因此会增加高技能劳动者的就业。然而较强的空气质量规制也会使生产规模较小的企业搬迁或破产，这类企业往往资本量小，没有足够的资金进行技术的创新和改进，因此会降低当地就业水平。

（二）空气质量规制的动态效应分析

我国早期的企业类型以资源密集型和劳动密集型企业为主，大量废气不断积累。早期空气质量规制强度较小，而改变生产方式进行清洁生产或处理污染废气的技术不成熟，并且费用高昂，因此企业为了节约生产成本会减少原料或是污染要素的投入，相应地降低劳动力人数。由于高技能劳动力的价格较高，企业也会减少对高技能劳动力的雇用。根据以上分析，在早期企业为了降低生产成本会减少污染要素和劳动力的需求，这既不利于就业，也不利于就业技能结构的优化调整，此时空气质量规制的成本效应$\frac{\gamma}{\alpha W}N\cdot\varepsilon_{ZN}$大于替代效应$\frac{\gamma}{\alpha W}N$。从空气质量规制的强度弹性来看，空气质量规制强度较小使得污染物减少的幅度大于空气质量规制变动的幅度，此时$\varepsilon_{ZN}>1$，公式为正数，也说明早期较弱的空气质量规制对整体就业水平起到了抑制作用。

在后期，我国越来越意识到空气质量规制的重要性，从而加大对企业的规制强度。当空气质量规制强度增加到一定程度时，有一部分企业会选择进行清洁技术创新或是加大污染治理投入，还有一部分企业不堪重负破产或搬迁到新的空气质量规制较弱的地区进行生产。随着空气质量规制强度的增加，企业会在缴纳空气排污费和改善生产技术之间进行选择。面临数额庞大的污染排放支出，选择清洁技术生产从而降低污染物排放更加有利可图，企业就会加大投资积极引入绿色节能低碳的清洁技术进行生产，创新产品生产工艺，延长产业链，对污染气体进行深加工，提高能源资源利用效率。这些降低污染的清洁技术不仅需要高技能劳动者，也需要低技能劳动者，但对高技能劳动者的需求会大于低技能劳动者，因此在总体上企业会增加对劳动力的需求。另外，发展规模小的企业由于没有足够的资本引入清洁技术而选择破产或搬迁，搬迁企业将寻求新的空气质量规制较弱的地区进行生产，这可能会降低该地区的就业水平，增加另一地区的就业水平。通过以上分析，较强的空气质量规制会增加我国整体就业水平，但对高技能劳动者的影响会大于低技能劳动者，也即高技能劳动者会对低技能劳动者产生相对替代，此时空气质量规制的替代效应$\frac{\gamma}{\alpha W}N$大于成本效应$\frac{\gamma}{\alpha W}N \cdot \varepsilon_{ZN}$。同理，在空气质量规制较强时，企业不得不强制进行清洁生产以减少排污费用，此时企业废气污染物减少的幅度小于空气质量规制增加的幅度，空气质量规制强度弹性$\varepsilon_{ZN} < 1$，也说明较强的空气质量规制会降低就业水平。

由以上的理论分析结合实际情况得出以下假说：（1）空气质量规制对我国总体就业水平存在先降低后增加的“U”型关系；（2）空气质量规制对低技能和高技能劳动者就业具有先降低后增加的“U”型关系；（3）较强的空气质量规制会造成高技能劳动者对低技能劳动者的相对替代。

四、实证分析

（一）实证模型的构建

将式（1）转化为式（8），将式（1）的各技能劳动力 L 用总体就业水平 EM 替代，同时用 GDP 替代产出 Y，借鉴李珊珊（2015）[21]的做法，将质量规制强度 RE 替换空气污染要素 N，资本 K 则由全社会固定资产投资 INV 表示，并把常数项 α_0 纳入其中。等号两边同时取对数，移项得到式（8）。

$$\ln EM = \alpha_0 + \alpha_1 \ln GDP + \alpha_2 \ln A + \alpha_3 \ln ER + \alpha_4 \ln INV + \varepsilon \tag{8}$$

参考李珊珊（2016）[18]和蒋勇（2017）[22]的研究，外商直接投资 FDI、工资 WAGE 和产业结构 IS 也是影响就业水平的重要因素，外商直接投资会增加资本存量，从而增加就业水平；产业结构的调整会对就业技能结构产生影响，第三产业和高新技术产业发展会促进高技能劳动者就业；工资表现为劳动力价格，也会影响劳动需求，因此将这三个变量列入控制变量中。为更好体现空气质量规制对不同技能劳动者就业的影响，被解释变量也包括低等、中等和高等技能劳动者的比例。考虑到空气质量规制对就业水平的动态影响，即质量规制强度较小时替代效应大于成本效应整个社会将增加劳动力的需求，当空气质量规制强度较大时，企业为了降低成本会进行技术创新，节能减排，低碳生产，从而增加高技能劳动者需求减少低技能劳动者需求，导致整个社会的就业水平减少。因此在模型中引入空气质量规制的二次项以便进一步探究其对就业水平的动态影响。同时，当期就业水平也会受上一期就业的影响，把就业水平的滞后一期变量纳入模型中构建动态面板模型。由于就业水平滞后一期变量会使模型产生严重的内生性问题，因此在估计模型参数时采用 GMM 法进行回归。模型中参数 δ_i 反映各省区市差异的非观测效应，参数 ε_{it} 为随机扰动项。因此计量模型化为：

$$\begin{aligned}\ln EM_{it} = a_0 + a_1 \ln EM_{i,t-1} + a_2 \ln RE_{it} + a_3(\ln RE_{it})^2 + a_4 \ln A_{it} + a_5 \ln GDP_{it} \\ + a_6 \ln INV_{it} + a_7 \ln WAGE_{it} + a_8 \ln FDI_{it} + a_9 IS_{it} + \delta_i + \varepsilon_{it}\end{aligned} \tag{9}$$

$$\begin{aligned}e_l = a_0 + a_1 e_{li,t-1} + a_2 \ln RE_{it} + a_3(\ln RE_{it})^2 + a_4 \ln A_{it} + a_5 \ln GDP_{it} \\ + a_6 \ln INV_{it} + a_7 \ln WAGE_{it} + a_8 \ln FDI_{it} + a_9 IS_{it} + \delta_i + \varepsilon_{it}\end{aligned} \tag{10}$$

$$\begin{aligned}e_m = a_0 + a_1 e_{mi,t-1} + a_2 \ln RE_{it} + a_3(\ln RE_{it})^2 + a_4 \ln A_{it} + a_5 \ln GDP_{it} \\ + a_6 \ln INV_{it} + a_7 \ln WAGE_{it} + a_8 \ln FDI_{it} + a_9 IS_{it} + \delta_i + \varepsilon_{it}\end{aligned} \tag{11}$$

$$\begin{aligned}e_h = a_0 + a_1 e_{hi,t-1} + a_2 \ln RE_{it} + a_3(\ln RE_{it})^2 + a_4 \ln A_{it} + a_5 \ln GDP_{it} \\ + a_6 \ln INV_{it} + a_7 \ln WAGE_{it} + a_8 \ln FDI_{it} + a_9 IS_{it} + \delta_i + \varepsilon_{it}\end{aligned} \tag{12}$$

（二）数据的选取及描述

1. 被解释变量

被解释变量是中国各地区各时期的就业水平（EM），用就业总人数来衡量，即城镇和乡村三大产业就业人数之和。同时也包括低等、中等和高等技能劳动者所占的比例。

2. 解释变量

核心解释变量是空气质量规制（RE），现有文献对于空气质量规制的变量选取较少，因此本文借鉴总体空气质量规制变量选取的经验来选择空气质量规制变量。雷明（2013）[23]利用排污费收入衡量空气质量规制强度，也有学者利用污染治理投资占生产总成本的比值来衡量空气质量规制强度，如拉诺伊等（Lanoie，2008）[24]。科尔斯塔德等（Kolstad，2002）[25]以生产过程中排放的二氧化碳作为空气质量规制的指标。考虑到各地区空气质量规制数据的差异性和可获得性，将选取各地区废气污染治理投资额作为空气质量规制强度的指标，空气质量规制强度越大，废气污染治理投资额数量越大。同时，为了更好探讨空气质量规制对就业的动态影响，在模型中引入空气质量规制的平方项。

3. 控制变量

模型中的控制变量由地区生产总值（GDP）、工资水平（WAGE）、技术进步（A）、各地区固定资产投资总额（INV）、外商直接投资（FDI）和产业结构（IS）组成。GDP表示产出，反映了各地区的经济发展水平，产出是影响就业水平的重要因素；工资水平主要由城镇单位就业人员平均工资表示；把各地区的专利申请授权数作为衡量技术进步的指标；各地区固定资产投资总额代表了该地区的资本量；外商直接投资则用外商投资企业投资总额来表示（孙文远、周寒，2020）[5]；产业结构选取的是各地区第三产业与第二产业的比值；第三产业比重越大，能够提供的就业岗位越多，就业水平也就越高。

本文利用2004～2020年30个省份的面板数据进行实证研究，基于数据的可获得性，不包括香港、澳门、台湾和西藏的数据，同时也对部分省份的缺失数据进行了拟合。数据来自《中国劳动统计年鉴》《中国环境统计年鉴》《中国统计年鉴》、国家统计局以及各省统计局数据手动整理，数据的详细介绍如表1和表2所示。

表1　　　　变量选取及数据来源

<table>
<tr><th>变量</th><th>研究变量</th><th>单位</th><th>定义指标</th><th>数据来源</th><th>经济意义</th></tr>
<tr><td rowspan="4">被解释变量</td><td>就业水平
lnEM</td><td>万人</td><td>各省市总体就业水平之和，并作对数处理</td><td>中国劳动统计年鉴</td><td rowspan="4">代表了我国的宏观经济发展状况</td></tr>
<tr><td>e_l</td><td></td><td>低技能就业人员占比包括接受初中教育或小学教育及以下的就业人员比例</td><td>中国劳动统计年鉴</td></tr>
<tr><td>e_m</td><td></td><td>中等技能就业人员占比包括接受高中教育、职业教育和专科教育的就业人员比例</td><td>中国劳动统计年鉴</td></tr>
<tr><td>e_h</td><td></td><td>高等技能就业人员占比包括接受本科教育和研究生教育及以上的就业人员比例</td><td>中国劳动统计年鉴</td></tr>
</table>

续表

变量	研究变量	单位	定义指标	数据来源	经济意义
解释变量	空气质量规制强度 lnRE	亿元	各地区治理废气投资总额，并作对数处理	中国环境统计年鉴	表示企业对空气环境污染的投入状况
	空气质量规制强度二次项 $(\ln RE)^2$	亿元	各地区治理废气投资总额，并作对数处理并取平方	中国环境统计年鉴	
控制变量	各地区产出 lnGDP	亿元	各地区生产总值代表产出水平，并作对数处理	中国统计年鉴	影响就业的重要因素，衡量社会经济发展状况
	工资水平 lnWAGE	元/人	各地区城镇单位就业人员平均工资，并作对数处理	中国统计年鉴	代表了居民收入水平
	技术进步 lnA	件	各地区专利申请授权数，并作对数处理	中国统计年鉴	代表了企业技术创新的成果
	固定资产投资总额 lnINV	亿元	各地区固定资产投资总额，并作对数处理	中国统计年鉴	表示社会对经济的资本投入
	外商直接投资 lnFDI	亿美元	各地区外商投资企业投资总额，并作对数处理	中国统计年鉴	外国资本对本国的贡献程度
	产业结构 IS		各地区第三产业与第二产业比重	中国统计年鉴	代表各省市经济结构的发展状况

表 2　　主要变量的统计性描述

变量	均值	中位数	最大值	最小值	标准差
lnEM	7.5896	7.6400	8.8749	5.5725	0.8025
lnRE	11.1210	11.2251	14.0634	4.9416	1.2025
$(\ln RE)^2$	125.1199	126.0028	197.7799	24.4198	25.3472
lnGDP	9.3555	9.4416	11.6151	6.0952	1.0428
lnWAGE	10.6434	10.7188	12.1282	9.3805	0.6017
lnA	9.3699	9.4106	13.4726	4.2485	1.6934
lnINV	8.9806	9.1201	11.0718	5.6671	1.0912
lnFDI	6.2238	6.1615	10.2201	1.9459	1.5058
IS	1.0755	0.8987	5.5101	0.4944	0.6158

(三) 单位根检验

非平稳变量容易导致实证分析结果产生偏差，为了避免模型的伪回归或虚假回归，对面板数据进行单位根检验。各变量及其一阶差分值的检验结果如表 3 所示，变量经一阶差分后均不含单位根，表明数据具有较好的平稳性，能够确保实证分析的有效性。

表 3　　单位根检验

变量	LLC	Breitung	IPS	ADF	PP	结果
lnEM	4.4187	3.2792	6.4133	40.3683	40.5868	一阶平稳
d. lnEM	-3.1216***	6.1846	-0.7701***	91.7946***	165.0200***	
lnRE	-1.2326	1.3208	0.7101	55.8336	556.9298	一阶平稳
d. lnRE	-8.1822***	-4.6471***	-6.1644***	143.572***	318.709***	
$(\ln RE)^2$	-1.2913*	1.0853	0.7155	55.5602	55.6241	一阶平稳
d. $(\ln RE)^2$	-8.2694***	-5.0330***	-6.0830***	142.022***	311.293***	
lnGDP	-2.8702***	8.2813	6.2187	10.0692	8.8068	一阶平稳
d. lnGDP	-15.7934***	-3.6459***	-8.9083***	186.403***	239.459***	
lnWAGE	-4.3049***	3.6543	2.5392	44.3115	42.1301	一阶平稳
d. lnWAGE	-9.1453***	-4.9467***	-5.8224***	140.764***	225.453***	
lnA	-0.6267	2.3927	1.5810	37.2878	70.2589	一阶平稳
d. lnA	-5.1181***	-4.5401***	-4.9613***	124.235***	299.903***	
lnINV	0.3946**	6.6283	7.1474	15.8557	13.1926	一阶平稳
d. lnINV	-7.8240***	-5.9123***	-4.8966***	122.949***	226.592***	
lnFDI	1.9187	-1.3242*	3.4808	50.1491	35.2933	一阶平稳
d. lnFDI	-2.0034**	3.6186***	-0.1210***	80.0205***	157.418***	
IS	-25.0089***	4.5620	-6.7107	101.822	68.3486	一阶平稳
d. IS	-25.8686***	-4.1140***	-19.2241***	329.588***	450.022***	

注：***、** 和 * 分别表示在 1%、5% 和 10% 的显著性水平。

(四) 协整检验

对面板数据进行 kao 协整检验，由表 4 可知当模型被解释变量为就业水平和各技能就业人员比例时都通过显著性检验，说明三种模型各变量之间存在长期动态协整关系。

表 4 协整检验

被解释变量	t - Statistic	Prob.
lnEM	-9.598890	0.0000
e_l	-6.175018	0.0000
e_m	-3.321721	0.0004
e_h	-5.575635	0.0000

(五) 基本回归分析

为了探讨空气质量规制对我国整体就业水平和不同劳动技能人员就业的影响，分别以整体就业水平对数、低技能、中等技能和高技能就业人员比例为被解释变量做回归。考虑到模型中引入就业水平的一阶滞后项会产生严重的内生性问题，因此采用GMM 方法进行回归。AR 检验发现 GMM 拒绝“没有一阶序列相关”的原假设，接受“没有二阶序列相关”的原假设，表明滞后一阶是有效的。同时，用 GMM 方法还需进行工具变量是否有效的检验，Sargan 检验统计量的结果显示不能拒绝“所有工具变量都有效”的原假设，可以接受过度识别限制条件，说明模型设定是合理的，工具变量也是有效的。

如表 5 所示，以全国整体就业水平为被解释变量，质量规制的平方项在 1% 的水平下通过显著性检验，说明在全国范围内劳动者的就业水平与空气质量规制强度之间存在“U”型关系，也即随着空气质量规制强度的增加，劳动者的需求先减少后增加，这与上文的理论分析相符合。而工资水平、固定资产投资和产业结构没有通过显著性检验。国内生产总值和技术创新在 1% 和 5% 的显著性水平下通过检验，并且其结果为正，表明经济发展和技术创新程度越高，对就业的促进作用就越强。而外商直接投资虽然通过了显著性检验，但其结果为负。可能的原因有：一方面，由于我国人口红利的逐渐消失，现阶段的外商直接投资更倾向于资本密集型产业，更易吸纳高技能劳动者就业，但我国的劳动者以低技能劳动者为主，因此外商直接投资对就业的促进作用有限，甚至会减少低技能劳动者就业，进而降低总体就业水平；另一方面外商直接投资会对国内投资产生“挤出效应”，间接抑制了劳动者就业（罗燕、陶钰，2010）[26]。

表 5　　全国回归结果

变量	整体就业水平				低技能	中等技能	高技能
	(1)	(2)	(3)	(4)	(5)	(6)	(7)
滞后项							
$\ln EM_{t-1}$	0.8138 *** (44.786)		0.3463 *** (3.011)	0.6910 *** (3.932)			
e_{lt-1}					0.5008 *** (17.917)		
e_{mt-1}						0.5679 *** (7.393)	
e_{ht-1}							0.7147 *** (21.521)
解释变量							
lnRE	-0.0108 (-1.607)	0.2411 *** (2.952)	0.1644 *** (2.647)	0.1376 * (1.906)	-1.6851 (-1.490)	4.8699 ** (1.764)	-3.0622 *** (-2.751)
$(\ln RE)^2$	0.0009 *** (2.684)	0.0125 *** (3.203)	0.0071 ** (2.409)	0.0060 * (1.727)	0.0925 * (1.874)	-0.2318 * (-1.920)	0.1292 *** (2.766)
控制变量							
lnGDP	0.0708 *** (3.665)	0.8065 *** (14.335)	0.0747 (0.560)	0.1468 (1.066)	-1.6957 *** (-5.290)	8.1949 ** (1.978)	5.7498 *** (3.954)
lnWAGE	-0.0140 (-0.420)	-0.9581 *** (-29.393)	-0.0188 (-0.104)	-0.2121 * (-1.728)	1.6409 * (1.946)	-2.3212 (-0.503)	-0.4926 (-0.233)
lnINV	0.0081 (0.640)	0.2546 *** (6.618)	0.0327 (1.559)	0.0786 (1.405)	-2.6669 ** (-2.407)	1.7359 (1.173)	-1.6841 *** (-2.680)
lnA	0.0161 ** (2.198)	-0.0883 *** (-3.353)	-0.0507 * (-1.766)	0.0102 (0.283)	1.3485 ** (2.141)	-2.2343 *** (-2.562)	0.2186 (0.530)
IS	-0.0015 (-0.200)	0.0083 (0.344)	0.0336 (1.042)	0.0622 * (1.864)	-3.2427 *** (-6.500)	0.1668 (0.158)	0.5300 *** (6.498)
lnFDI	-0.0417 *** (-6.908)	-0.1676 *** (-10.833)	-0.0155 (-1.052)	-0.0304 * (-1.888)	3.6183 *** (3.117)	-0.5235 (-0.622)	-1.0026 * (-1.757)
AR (1)	-3.7018 *** [0.000]		-2.1790 ** [0.029]	-3.8898 *** [0.000]	-4.0617 *** [0.000]	-4.0617 *** [0.000]	-9.7100 *** [0.000]

续表

变量	整体就业水平				低技能	中等技能	高技能
	(1)	(2)	(3)	(4)	(5)	(6)	(7)
AR(2)	0.007 [1.000]		-0.0720 [0.943]	-0.1328 [0.894]	0.6534 [0.514]	0.6534 [0.514]	0.2800 [0.780]
Sargan	30.090 [0.221]		97.188 [0.447]	60.022 [0.771]	25.665 [0.219]	25.665 [0.219]	23.327 [0.227]

注：***、**和*分别表示在1%、5%和10%的显著性水平上拒绝原假设，圆括号内为统计量的T值，方括号内为统计量的P值。

低技能和高技能就业者的质量规制二次项系数为正，而中等技能就业者的质量规制二次项系数为负，均通过显著性检验。根据理论分析，在空气质量规制强度较小时，即使空气污染物排放成本有所增加，由于空气质量规制强度较小，此时企业成本增加也较少，相比于投入大量资金进行技术创新和引入清洁生产设备，企业更愿意减少污染要素的投入，而非进行清洁生产。因此企业为了减少生产成本，将会缩减生产规模，降低对劳动力要素的需求。根据实证分析可以发现，低技能劳动者其空气质量规制一次项和二次项系数的绝对值都小于高技能劳动者，说明高技能劳动者就业对空气质量规制强度的变化更敏感，增加与减少的幅度更大。在早期空气质量规制强度较小时，污染要素价格的上升使得劳动要素价格相对下降，高技能劳动者的价格也相对低等和中等技能劳动者的价格较高，因此企业将减少对污染要素的投入，更多地选择降低高等劳动者需求。而在空气质量规制较强的时候，企业利用环保材料、清洁能源与绿色技术进行生产，对高技能劳动者产生更大的需求，尽管此时也会增加低技能劳动者就业，但显然高技能劳动者就业的增长速度更快，也就产生了高技能劳动者对低技能劳动者的相对替代。这进一步说明了空气质量规制与低技能和高技能劳动者之间呈现出的"U"型关系，同时也说明了高技能劳动者对低技能劳动者的相对替代，与理论假说相符合。

（六）稳健性检验

在上文中对模型有效性做了检验，但不排除一些特殊情况对模型稳健性的影响。因此本文将通过两种方式对模型的稳健性进行检验：一种是通过 Hausman 检验建立固定效应模型；另一种是通过区域异质性模型进行检验。模型（2）代表了固定效应模型，结果显示质量规制一次项和二次项系数均通过1%的显著性检验，二次项系数也为正，说明模型是稳健的。模型（3）表示中部和西部地区，模型（4）表示东部和东北部地区，两地区的空气质量规制一次项和二次项系数均通过显著性检验，并且二次项系数也为正，说明两地区空气质量规制与就业之间存在“U”型关系，同时也表明模型具有较好的稳健性（见表5）。

（七）异质性分析

1. 区域差异分析

为了进一步分析我国不同地区空气质量规制对异质性技能劳动者就业的影响，将从各地区的市场化程度、空气污染程度和技术创新程度来分别分析空气质量规制对异质性技能劳动者就业的影响。市场化程度指标参考国民经济研究所公布的2019年市场化总指数（樊纲、王小鲁等，2003）[27]，该指数能够综合衡量我国各地区的市场化水平，数值越大表明市场化程度越高。为了更好探讨在不同市场化程度地区空气质量规制对异质性技能劳动者就业的影响，将数值大于6的地区定义为市场化程度较高地区，反之为市场化程度较低地区。

由表6可知两个地区的空气质量规制与总体就业水平都呈现出倒“U”型关系，并且都通过了显著性检验。对于低技能劳动者，市场化程度较低地区的空气质量规制一次项和二次项系数在10%的水平下显著，且二次项系数为正。在市场化程度较高地区，低技能劳动者就业的质量规制一次项和二次项系数在5%的水平下同样显著，但其二次项系数为负，与市场化程度较低地区的结论相反。对于中等技能劳动者就业，两地区的质量规制二次项系数均通过10%的显著性检验，但其符号相反。对于高技能劳动者就业，市场化程度较低地区的质量规制与就业之间呈现出倒“U”型关系并且通过显著性检验，而市场化程度较高地区则呈现出“U”型影响。综上可知，两地区的空气质量规制对异质性技能劳动者就业的影响呈现出相反的局面。市场化程度较高地区的企业发展较快，同时也积累了大量资金，企业规模大，在国家出台相关空气质量规制的法律法规时有足够资金改进传统生产方式，进行绿色低碳生产，空气质量规制对高技能和中等技能劳动者的替代效应大于规模效应，因此减少了对低技能劳动者的需求，增加高技能和中等技能劳动者就业。在市场化程度较低地区，吸纳低技能劳动者就业的主要是资本规模较小的企业或是大型的国有企业。这些企业没有足够的资金或创新驱动力进行技术创新，无法像资本规模大、市场化程度高的企业一样改变生产方式，雇用大量的高技能劳动者。因此质量规制强度的增加提高了低技能劳动者就业，降低中等技能和高技能劳动者就业水平。在高技能劳动者需求上，市场化程度较高地区呈现出“U”型关系，而市场化程度较低地区呈现出倒“U”型关系。这也说明了空气环境规制与市场化程度的提高确实能够在一定程度上改善我国的就业技能结构，促进高技能劳动者就业，这也符合上文的理论分析。

表 6　　区域差异分析结果

变量	市场化程度较低地区				市场化程度较高地区			
	整体就业水平	低技能	中等技能	高技能	整体就业水平	低技能	中等技能	高技能
滞后项								
$lnEM_{t-1}$	0.5018*** (3.027)				0.8110*** (9.117)			
e_{lt-1}		−0.0722* (−1.926)				0.5604*** (10.749)		
e_{mt-1}			−0.1413* (−1.768)				0.6130*** (9.765)	
e_{ht-1}				−0.1072* (−1.944)				0.7533*** (16.812)
解释变量								
lnRE	0.1187* (1.966)	−3.4776* (−1.780)	6.9455* (1.710)	1.4696** (2.159)	0.1544*** (2.583)	4.4724** (2.215)	−3.2122* (−1.766)	−4.2839*** (−2.642)
$(lnRE)^2$	−0.0053* (−1.890)	0.1797* (1.945)	−0.3297* (−1.787)	−0.0800** (−2.443)	−0.0062** (−2.185)	−0.1862** (−2.016)	0.1384* (1.733)	0.1841** (2.449)
控制变量								
lnGDP	0.1120 (1.117)	−1.4165 (−1.470)	7.8402 (1.488)	0.4758 (0.242)	−0.0932 (−1.327)	−1.0275*** (−3.361)	2.0040*** (3.868)	1.6407 (0.896)
lnWAGE	−0.0444 (−0.358)	−3.1358 (−0.397)	6.2782 (1.085)	3.2736 (1.233)	0.2269** (2.252)	1.4892* (−1.705)	−1.3118*** (−2.975)	2.3250 (0.897)
lnINV	0.0144 (0.565)	−0.8093 (−0.931)	−0.1558 (−0.136)	0.1353 (0.327)	0.0286 (1.176)	0.3781 (0.314)	−1.0584 (−1.052)	−0.1360 (−0.252)
lnA	−0.0124 (−0.737)	0.6069 (0.680)	−1.8024** (−2.384)	0.6208 (1.543)	−0.0299 (−1.048)	0.5479 (0.729)	−0.6976 (−1.268)	0.0788 (0.123)
IS	−0.0096 (−0.340)	−2.7231** (−2.538)	0.3536 (0.287)	1.3682*** (2.609)	0.0256 (1.346)	−1.2716 (−1.201)	−1.8594** (−2.165)	0.3546** (2.126)
lnFDI	−0.0243*** (−2.845)	1.0573** (2.512)	−1.0363** (−2.133)	−0.0358 (−0.196)	−0.1047** (−2.383)	0.0433 (0.048)	1.8327* (1.917)	−1.1078* (−1.895)
AR (1)	−2.3365*** [0.019]	−5.3421*** [0.000]	3.3301*** [0.000]	−2.6898*** [0.007]	−2.2380** [0.025]	−6.5974*** [0.000]	−6.8391*** [0.000]	−6.6752*** [0.000]

续表

变量	市场化程度较低地区				市场化程度较高地区			
	整体就业水平	低技能	中等技能	高技能	整体就业水平	低技能	中等技能	高技能
AR（2）	-0.4704 [0.638]	-0.5580 [0.576]	0.8424 [0.380]	0.1668 [0.868]	0.3912 [0.696]	0.6324 [0.527]	0.4114 [0.681]	0.2055 [0.837]
Sargan	35.856 [0.999]	24.029 [0.287]	78.318 [0.595]	122.278 [0.364]	96.088 [0.479]	118.090 [0.305]	112.083 [0.453]	10.414 [0.166]

注：***、** 和 * 分别表示在1%、5%和10%的显著性水平上拒绝原假设，圆括号内为统计量的T值，方括号内为统计量的P值。

2. 空气污染程度差异分析

利用SPSS对我国30个省份的空气污染程度进行聚类分析，其中变量为2020年各地区的二氧化硫、氮氧化物和颗粒物排放量，通过K阶聚类分析按照废气污染物排放程度把各省份分为两类，分别是低污染地区和高污染地区。由此进一步考察不同污染程度空气质量规制对异质性技能劳动者就业的影响。由表7可知，低污染地区的空气质量规制对整体就业水平和低技能劳动者就业没有显著影响，而对高技能和中等技能劳动者就业显著为负。高污染地区的空气质量规制对整体就业水平具有显著影响，且其空气质量规制二次项系数为负，说明高污染地区的空气质量规制对就业水平存在先增加后降低的倒“U”型关系。长期以来我国存在高耗能、高排放、高污染的路径依赖问题，较强的空气质量规制会导致企业生产成本压力增大，缩小生产规模，质量规制的规模效应大于替代效应，从而降低就业水平。高污染地区的高技能劳动者空气质量规制二次项系数为正，且在5%的水平下通过显著性检验，也即空气质量规制强度的增大会增加高技能劳动者需求。这是因为高污染的企业为了减少空气质量规制的排放压力，引进高技术人才，进行清洁技术创新，创新生产工艺，减少废气物的排放，从而增加了高技能劳动者就业。结果表明空气质量规制能够有效改善空气污染严重地区的就业结构，减少废气污染排放。

表7　　　　空气污染程度差异分析

变量	低污染地区				高污染地区			
	整体就业水平	低技能	中等技能	高技能	整体就业水平	低技能	中等技能	高技能
滞后项								
$\ln EM_{t-1}$	0.1923 (1.360)				0.1765** (2.120)			

续表

变量	低污染地区				高污染地区			
	整体就业水平	低技能	中等技能	高技能	整体就业水平	低技能	中等技能	高技能
e_{lt-1}		0.5591*** (6.707)				0.5252*** (8.632)		
e_{mt-1}			0.5869*** (7.439)				0.5652*** (11.110)	
e_{ht-1}				0.5424*** (6.781)				0.7413*** (10.960)
解释变量								
lnRE	0.0673 (1.052)	-1.2883 (-0.666)	2.8577 (1.644)	1.5429 (1.559)	0.1310** (2.046)	1.8226 (0.670)	-2.3131 (-0.784)	-3.4405** (-2.243)
$(lnRE)^2$	-0.0031 (-1.051)	0.0806 (0.895)	-0.1477* (-1.843)	-0.0771* (-1.705)	-0.0051* (-1.737)	-0.0839 (-0.726)	0.1132 (0.865)	0.1446** (2.122)
控制变量								
lnGDP	0.0334 (0.388)	-8.8879** (-2.509)	9.1680*** (2.754)	1.2707 (0.622)	-0.0098 (-0.069)	-2.8224 (-1.647)	7.9079 (1.108)	5.4556*** (2.593)
lnWAGE	0.0121 (0.107)	4.6663 (0.936)	-5.7349 (-1.342)	-0.2212 (-0.108)	0.2016 (1.072)	3.3189 (0.375)	-4.4762 (-0.569)	-0.4800 (-0.260)
lnINV	0.0268 (1.435)	-1.3637 (-0.915)	1.2384 (1.179)	0.5352 (0.974)	0.0256* (1.733)	0.5645 (0.378)	0.5508 (0.398)	-0.5802 (-0.873)
lnA	-0.0048 (-0.234)	-1.0412 (-0.985)	-0.9712 (-1.114)	0.7528*** (2.923)	-0.0655* (-1.889)	0.5412 (0.581)	-0.7084* (-1.705)	-0.2571 (-0.498)
IS	0.0012 (0.041)	-2.0597** (-2.115)	0.2809 (0.373)	0.8551** (2.234)	0.0307 (0.662)	-0.6309 (-0.614)	-0.8046 (-0.855)	0.3402 (1.489)
lnFDI	-0.0223*** (-3.934)	1.6237** (2.307)	-0.8178 (-1.459)	-0.1857 (-1.026)	-0.0766** (-3.876)	0.4675 (0.417)	0.1522 (0.136)	-0.7929* (-1.662)
AR (1)	-5.7353*** [0.000]	-6.2488*** [0.000]	-5.2163*** [0.000]	-2.2784** [0.022]	-5.3343*** [0.000]	-6.1286*** [0.000]	-5.9676*** [0.000]	-6.7427*** [0.000]
AR (2)	0.2532 [0.800]	0.6934 [0.488]	1.2032 [0.229]	0.4738 [0.636]	-0.3340 [0.734]	-0.2309 [0.817]	-0.4107 [0.681]	0.1558 [0.876]
Sargan	78.600 [0.902]	128.289 [0.112]	7.7212 [0.259]	110.020 [0.155]	109.812 [0.159]	7.794 [0.351]	4.786 [0.686]	6.360 [0.498]

注：***、**和*分别表示在1%、5%和10%的显著性水平上拒绝原假设，圆括号内为统计量的T值，方括号内为统计量的P值。

3. 技术创新程度差异分析

同样对各省份的技术创新能力进行聚类分析，变量主要包括 2020 年各地区新产品开发、R&D 人员、R&D 经费、R&D 项目数以及专利申请数等。利用 K 阶聚类分析按照技术创新能力把各省份分为两类，分别是低技术创新地区与高技术创新地区。在创新能力较低的地区，空气质量规制对总体就业水平和各技能劳动者就业不存在显著影响。在高技术创新地区，总体就业水平和低技能劳动者就业的空气质量规制二次项为负，呈现出倒“U”型关系；而中等技能和高技能劳动者与质量规制存在显著的“U”型关系，空气质量规制的增强会促进中等和高技能劳动者就业。在高技术创新地区，创新成本往往较低，因此在空气质量规制强度增加时，企业的资金会流向科技创新程度较高、符合绿色生产的工艺技术，进而增加对高技能和中等技能劳动者需求，减少低技能劳动者就业。结果显示空气质量规制能够促进高技能劳动者就业，促进我国就业结构的优化调整（见表 8）。

表 8　　技术创新能力差异分析

变量	低技术创新地区				高技术创新地区			
	整体就业水平	低技能	中等技能	高技能	整体就业水平	低技能	中等技能	高技能
滞后项								
$\ln EM_{t-1}$	0.4303*** (3.033)				0.2673*** (4.439)			
e_{lt-1}		-0.1380* (-1.715)				0.4868*** (8.111)		
e_{mt-1}			-0.0534 (-0.765)				0.5917*** (10.017)	
e_{ht-1}				-0.0850 (-1.503)				0.7665*** (14.694)
解释变量								
lnRE	0.0168 (0.566)	-3.4530 (-1.313)	2.5186 (1.356)	0.8980 (1.002)	0.1742*** (2.608)	3.8540** (2.447)	-2.3944* (-1.962)	-4.9482*** (-6.776)
$(\ln RE)^2$	-0.0006 (-0.399)	0.1732 (1.450)	-0.1226 (-1.426)	-0.0497 (-1.172)	-0.0073** (-2.300)	-0.1626** (-2.363)	0.1016* (1.775)	0.2142*** (6.013)

续表

变量	低技术创新地区				高技术创新地区			
	整体就业水平	低技能	中等技能	高技能	整体就业水平	低技能	中等技能	高技能
控制变量								
lnGDP	0.1262 (1.460)	-10.0846 (-1.427)	8.9945 (1.493)	-0.9397 (-0.451)	-0.0843 (-0.805)	-2.9609*** (-3.308)	1.0062*** (2.645)	3.7211* (1.846)
lnWAGE	-0.0570 (-0.499)	-6.4440 (-0.879)	1.7769 (0.299)	5.7353 (2.283)	0.2641** (2.021)	2.3575*** (4.239)	-2.9487*** (-2.485)	0.1218 (0.050)
lnINV	0.0106 (0.701)	-0.0546 (-0.053)	-1.0797 (-1.364)	-0.6453 (-1.473)	0.0388 (0.750)	-2.9234 (-0.757)	2.9786 (1.332)	-0.6200 (-0.674)
lnA	-0.0219 (-1.469)	2.0545** (2.417)	-1.0571** (-2.083)	0.5787 (1.356)	-0.0622* (-1.939)	0.1234 (0.117)	-0.7835 (-0.782)	0.0007 (0.001)
IS	0.0511* (1.885)	-2.6769** (-2.347)	1.7947** (2.036)	1.4166*** (3.081)	-0.0476 (-1.518)	-2.8047 (-1.418)	-1.2685 (-1.257)	0.2698 (1.345)
lnFDI	-0.0315** (-2.562)	1.6174** (2.053)	-1.1731** (-2.368)	-0.0962 (-0.493)	-0.0514 (-1.293)	-1.7776* (-1.851)	2.6874 (3.173)	-0.6096 (-0.820)
AR (1)	-3.1527*** [0.002]	3.7867*** [0.000]	-5.3922*** [0.000]	-6.4787*** [0.000]	-5.3678*** [0.000]	-4.8284*** [0.000]	-5.9710*** [0.000]	-6.2005*** [0.000]
AR (2)	0.7685 [0.546]	0.4586 [0.647]	0.8960 [0.370]	1.3861 [0.166]	0.3860 [0.800]	-0.1674 [0.867]	-0.3094 [0.757]	-0.0504 [0.956]
Sargan	55.974 [0.999]	91.637 [0.242]	129.308 [0.113]	8.671 [0.277]	101.867 [0.698]	79.564 [0.887]	115.933 [0.335]	8.898 [0.113]

注：***、** 和 * 分别表示在1%、5%和10%的显著性水平上拒绝原假设，圆括号内为统计量的T值，方括号内为统计量的P值。

五、结论与政策建议

（一）结论与启示

通过中国2004~2020年各省份的面板数据基于就业技能结构的异质性角度来分析空气质量规制对就业水平的影响，同时利用理论模型研究了空气质量规制对不同技能劳动者就业的影响。考虑到就业水平会受到上一期就业的影响，引入就业水平的滞后一期项；空气质量规制对就业也具有动态影响，进而在模型中纳入空气质量规制二次项作为核心解释变量。构建动态面板模型运用 GMM 方法进行回归分析，通过单位根检验、kao 协整检验和稳健性检验，证实模型是稳健有效的。由此得出结论：

（1）在全国范围内空气质量规制与就业水平之间存在“U”型曲线的动态关系，也即随着空气质量规制强度的增加，其对就业水平具有先抑制后促进的作用。进一步从技能异质性角度分解就业水平，发现空气质量规制对低技能和高技能的劳动者也具有“U”型关系的影响，其对高技能劳动者的就业水平变化更剧烈，同时空气质量规制强度的增加也会造成高技能劳动者对低技能劳动者的相对替代。

（2）从区域差异来看，两地区的空气质量规制对总体就业都呈现出倒“U”型动态关系。市场化程度较低地区空气质量规制与高技能劳动者就业存在先上升后下降的倒“U”型关系，市场化程度较高地区则呈现出“U”型关系。可见，空气质量规制强度和市场化程度的提高能够增加高技能劳动者的就业水平。同时，市场化程度的提高也能够促进质量规制对高技能劳动者就业的影响从倒“U”型转变为“U”型关系，实现空气环境治理与就业结构优化的双重红利，因此要大力发展社会主义市场经济，提高我国的市场化程度。

（3）从污染程度差异来看，低污染地区的空气质量规制对中等和高等技能劳动者就业存在倒“U”型影响；高污染地区的空气质量规制对整体就业水平存在倒“U”型影响，而对高技能劳动者存在“U”型影响。表明在高污染地区空气质量规制的增强能够提高高技能劳动者就业水平，改善就业技能结构，但同时由于我国工业发展存在高耗能、高排放的路径依赖问题，质量规制强度的增加会降低高污染地区整体就业水平。

（4）从技术创新能力差异来看，创新程度较低地区的空气质量规制对就业没有显著影响；在创新能力较高的地区，空气质量规制与整体就业水平和低技能劳动者就业呈现倒“U”型关系，而对中等和高等技能劳动者存在“U”型影响。因此，在技术创新能力较高地区提高空气质量规制强度能够显著优化就业技能结构，提高高技能劳动者就业水平。

（二）建议

根据以上的理论和实证分析对我国空气质量规制提出相关政策建议：

1. 政府根据地方实际状况制定合理的空气质量规制政策，处理好环境治理与就业问题

实施空气质量规制虽然能够改善我国的就业技能结构，促进高技能劳动者就业，但却会造成高技能劳动者对低技能劳动者的相对替代。因此，中央制定法律规定应具有适当弹性，为地方制定相关细则留有调整空间，各级政府部门在制定相关的空气质

量规制政策时要考虑该政策对就业者的影响，特别是对低技能劳动者就业的影响，做到兼顾空气环境治理和社会就业稳定。各地区政府应按照所在地实际情况制定相应的空气质量规制政策，并不断改进质量规制手段。

2. 提高清洁技术创新能力，引进低碳环保生产设备

政府鼓励绿色创新产业发展，对进行空气质量规制困难的企业实施救助，进行财政补贴，帮助企业改良生产技术。积极推进产学研合作，推进绿色创新活动。企业淘汰落后和高污染生产设备，加大投资力度引入节能清洁的绿色生产技术和机器设备，进行绿色低碳生产。减少高污染要素的投入，改用清洁能源，减少污染气体排放，生产过程更加注重技术创新，减少污染排放。企业延长产业链，对污染废气物重新利用，提高资源利用率，从粗放型生产转向集约化生产，进而提高对各技能劳动者的需求。

3. 提高市场化水平，改善就业环境

市场化程度的提高有利于空气质量规制对高技能劳动者就业的影响从倒“U”型转变为“U”型关系，进而促进高技能劳动者就业，优化我国就业技能结构。大力发展社会主义市场经济，充分发挥市场的基础调节作用，为就业营造良好的市场环境，促进劳动力市场化。

4. 劳动者紧跟时代需求提高自身技能和劳动素质，更好适应经济发展

劳动者应不断学习并提高自身技能，理性面对企业所进行的产业转型和资产重组，学习绿色低碳生产相关技术，掌握清洁技术生产所用机器设备的使用方法，努力跟上时代发展步伐。

参考文献

[1] Ferris A E, Shadbegian R J, Wolverton A. The Effect of Environmental Regulation on Power Sector Employment: Phase I of the Title IV SO_2 Trading Program [J]. Journal of the Association of Environmental and Resource Economists, 2014, 1 (4): 521 -553.

[2] 沈宏亮，金达. 异质性环境规制、工业企业研发与就业技能结构——基于空间面板杜宾模型的实证研究 [J]. 软科学，2019，33 (08): 39 -43 +53.

[3] Matthew A. COLE, Robert J. R. ELLIOTT, Shanshan WU. Industrial activity and the environment in China: An industry-level analysis [J]. China Economic Review, 2007, 19 (3): 393 -408.

[4] Eli Berman, Linda T. M Bui. Environmental regulation and labor demand: evidence from the South Coast Air Basin [J]. Journal of Public Economics, 2001, 79 (2):

265 - 295.

[5] 孙文远，周寒. 环境规制对就业结构的影响——基于空间计量模型的实证分析 [J]. 人口与经济，2020 (03)：106 - 122.

[6] 李斌，詹凯云，胡志高. 环境规制与就业真的能实现"双重红利"吗？——基于我国"两控区"政策的实证研究 [J]. 产业经济研究，2019 (01)：113 - 126.

[7] 朱金生，李蝶. 技术创新是实现环境保护与就业增长"双重红利"的有效途径吗？——基于中国34个工业细分行业中介效应模型的实证检验 [J]. 中国软科学，2019 (08)：1 - 13.

[8] Michael Greenstone. The Impacts of Environmental Regulations on Industrial Activity: Evidence from the 1970 and 1977 Clean Air Act Amendments and the Census of Manufactures [J]. Journal of Political Economy, 2002, 110 (6): 1175 - 1219.

[9] W. Reed Walker. Environmental Regulation and Labor Reallocation: Evidence from the Clean Air Act [J]. The American Economic Review, 2011, 101 (3): 442 - 447.

[10] 陆旸. 中国的绿色政策与就业：存在双重红利吗？[J]. 经济研究，2011，46 (07)：42 - 54.

[11] Ralf Martin, Laure B. de Preux, Ulrich J. Wagner. The impact of a carbon tax on manufacturing: Evidence from microdata [J]. Journal of Public Economics, 2014, 117.

[12] Akio Yamazaki. Jobs and Climate Policy: Evidence from British Columbia's Revenue - Neutral Carbon Tax [J]. Journal of Environmental Economics and Management, 2017, 83 (3): 197 - 216.

[13] 任胜钢，李波. 排污权交易对企业劳动力需求的影响及路径研究——基于中国碳排放权交易试点的准自然实验检验 [J]. 西部论坛，2019，29 (05)：101 - 113.

[14] 宋严，金洪. 就业、技术与碳排放——基于中国行业面板数据的研究 [J]. 探索，2013 (06)：93 - 97 + 126.

[15] 孙文远，夏凡. 城市低碳化的就业效应——基于空间外溢视角的分析 [J]. 河北地质大学学报，2019，42 (05)：90 - 96 + 101.

[16] 李梦洁，杜威剑. 环境规制与就业的双重红利适用于中国现阶段吗？——基于省际面板数据的经验分析 [J]. 经济科学，2014 (04)：14 - 26.

[17] 王勇，施美程，李建民. 环境规制对就业的影响——基于中国工业行业面

板数据的分析 [J]. 中国人口科学, 2013 (03): 54-64+127.

[18] 李珊珊. 环境规制对就业技能结构的影响——基于工业行业动态面板数据的分析 [J]. 中国人口科学, 2016 (05): 90-100+128.

[19] 唐东波. 垂直专业化贸易如何影响了中国的就业结构? [J]. 经济研究, 2012, 47 (08): 118-131.

[20] 张先锋, 王瑞, 张庆彩. 环境规制、产业变动的双重效应与就业 [J]. 经济经纬, 2015, 32 (04): 67-72.

[21] 李珊珊. 环境规制对异质性劳动力就业的影响——基于省级动态面板数据的分析 [J]. 中国人口·资源与环境, 2015, 25 (08): 135-143.

[22] 蒋勇. 环境规制、FDI与就业效应——基于省际空间面板杜宾模型的实证研究 [J]. 国际商务 (对外经济贸易大学学报), 2017 (03): 86-98.

[23] 雷明, 虞晓雯. 地方财政支出、环境规制与我国低碳经济转型 [J]. 经济科学, 2013 (05): 47-61.

[24] Paul Lanoie, Michel Patry, Richard Lajeunesse. Environmental regulation and productivity: testing the porter hypothesis [J]. Journal of Productivity Analysis, 2008, 30 (2): 121-128.

[25] Yuquing Xing, Charles D. Kolstad. Do Lax Environmental Regulations Attract Foreign Investment? [J]. Environmental and Resource Economics, 2002, 21 (1): 1-22.

[26] 罗燕, 陶钰. FDI对东道国就业的影响 [J]. 重庆理工大学学报 (社会科学), 2010, 24 (03): 67-71.

[27] 樊纲, 王小鲁, 张立文, 朱恒鹏. 中国各地区市场化相对进程报告 [J]. 经济研究, 2003 (03): 9-18+89.

The Impact of Air Quality Regulation on Employment

—Based on Labor Skill Heterogeneity Perspective

Yin Yuming　Cao Yanqiu

Abstract: Air quality regulation is an important mechanism to promote the green and low-carbon development of the economy, while at the same time, the employment problem is severe with the aging of China's population and the complicated international economic situation. Therefore, this paper is dedicated to explore the impact of air quality regulation on employment. The article first analyzes the impact path between air quality regulation and labor employment at the theoretical level, and further explores its impact on the employment of skill heterogeneous workers. Second, using panel data for 30 provinces from 2004 to 2020, we conduct regressions and find that there is a U-shaped relationship between air quality regulation and employment levels in general, which first decreases and then increases, and the same U-shaped relationship exists with low-skilled and high-skilled workers. But in later stages as air quality regulation strengthens, high-skilled workers create relative substitution, while medium skills are not significant. The differences in the level of marketization, pollution, and technological innovation are also explored separately. Ultimately, it is concluded that policymakers should focus on not only reconciling environmental management and employment and increasing skills training for low-skilled labor, but also improving regional marketability and enhancing clean technology innovation capacity for green and low-carbon production when formulating relevant air quality regulation policies.

Keywords: Air quality regulation　Employment level　Labor skill heterogeneity　Dynamic panel data

江西有色金属产业链供应链优化升级研究*

胡学英　蔡干杰**

摘　要：文章对江西有色金属产业发展进行现状分析，定量分析比较了安徽、湖北、江西、河南、山西、湖南6个中部地区省份的有色金属产业，找出了江西有色金属产业发展中存在的问题。基于SWOT分析模型，从优势、劣势、机会、挑战四个方面对江西有色金属产业链进行分析，并围绕当前有色金属产业发展热点和江西有色金属产业比较优势，对江西有色金属产业的铜产业链、钨产业链、稀土产业链这三个细分产业环节，从技术难度、投资强度、未来增长潜力和江西的基础四个方面进行了评估，构建江西有色金属产业链短中长期发展目标和图谱，对江西有色金属产业进军万亿产业提出了对策建议。

关键词：江西　有色金属　产业链　优化升级

一、引　言

一直以来，产业链优化升级研究，是学术界和产业部门重点关注的热点，国内外学者对于不同部门间、部门内产业的相关研究已经逐渐细化到产业链的研究上。产业链现代化是当今全球产业竞争中的新现象，也是产业经济学研究必须高度重视的新问题。在产业链理论方面，产业链相关理论的源头可以追溯到18世纪西方古典经济学家斯密，其以制造业为例阐述了产业链的作用。提升产业基础高级化、产业链供应链

---

* 基金项目：2020年江西省社科规划项目“江西融入新一轮技术革命推动制造业高质量发展产业政策研究”（20YJ06）；中央党校2021年重点调研课题“全面推进乡村振兴：理论逻辑与实践路径”（2021DXXTZDDYKT047）阶段性成果。

** 作者简介：胡学英（1984～），女，江西泰和人，深圳技术大学马克思主义学院教师，经济学博士，研究方向为农业经济学、制度经济学；蔡干杰（1990～），男，江西丰城人，江西省委党校2019级区域经济研究生，研究方向为产业经济学。

现代化水平无疑是一项复杂长期的艰巨任务。在产业链优化方面，全球产业链发展经历了扩张到放缓的两个阶段。2008 年金融危机之后，全球化进程和全球产业链呈现出放缓的态势。全球贸易增长减速的原因可以分解为两个方面，一方面是周期性因素；另一方面是结构性因素。其中，结构性因素主要来源于中间品贸易放缓和全球价值链的萎缩。郭朝先等（2022）认为在“双碳”要求下，我国有色金属产业应夯实矿产资源供应基础，提高矿产资源供应和全产业链安全水平，推进供给侧结构性改革，降低企业成本，引导企业加大 R&D 研发强度，提升产业链创新链供应链现代化水平，推进节能减排、清洁生产和循环经济，实现绿色发展。宫明娥（2016）认为有色金属产业发展要从优化有色金属产业布局、合理配置资源、完善产品结构、推动大型有色金属矿业企业成长、培养人才队伍推动科技创新等方面推动产业链优化升级。江西有色金属产业作为全省第一大支柱产业，连续多年全国排名第一，到 2023 年，营业收入要突破万亿元，必须积极参与国家全产业链供应链布局，构建国内产业循环的战略支点，优化自身产业链供应链。

二、江西省有色金属产业发展现状

（一）基本情况

政策配套做足，发展环境凸显。有色金属产业是江西省规模最大的优势产业，金属基础材料门类比较齐全。江西省委、省政府高度重视有色金属产业工业发展，成立省领导挂帅的工业强省建设领导小组，实施产业链链长制工作方案，明确了全省 14 条产业链，并由省领导担任链长，其中易炼红担纲有色金属产业链链长。一方面，坚持“一产一策”，针对稀土、铜等产业出台了一系列政策；另一方面，坚持精准施策，推出企业技术创新升级、工业促销费、5G + 工业互联网等专项政策（见表 1）。

表 1　2018～2020 年江西出台有色金属产业相关政策

年份	发布单位	文件名称	影响
2018	省委省政府	关于深入实施工业强省战略推动工业高质量发展的若干意见	明确工业强省“365”整体思路
2018	省政府办公厅	江西省传统产业优化升级行动计划（2018—2020 年）	明确了传统产业优化升级行动路径

续表

年份	发布单位	文件名称	影响
2019	省政府	江西省2+6+N产业高质量跨越式发展行动计划	明确有色金属为万亿龙头产业发展目标和路径
2020	省政府办公厅	实施产业链链长制工作方案	明确了全省14条产业链，并由省领导担任链长，其中易炼红担纲有色金属产业链链长
2020	省政府办公厅	产业集群提能升级计划（2021—2025）	明确了江西省各大主导产业集群具体行动路径，着力培育先进制造业产业集群
2020	省政府办公厅	关于支持铜产业稳定发展若干政策措施的通知	从产业升级、财税支持、金融扶持、优化环境方面推动铜产业稳定发展
2020	省政府办公厅	关于支持稀土产业稳定发展若干政策措施的通知	出台了16条举措支持稀土产业稳定发展

产业持续增长，市场地位突出。2018年全省有色金属产业实现主营收入6017.6亿元。2019年实现主营业务收入6604.4亿元，同比增长9.5%，有色金属产业主营业务收入约占全省工业的1/5，约占全国有色金属产业的1/10。其中，铜、钨、稀土主营收入分别为4930.8亿元、3067亿元、2386亿元。2020年全省有色金属产业全年营业收入7214亿元，同比增长15%，创历史新高，有色金属产业连续多年全国排名第一位，是全省工业产业发展的主力军、工业发展的“定星盘”①（见图1）。

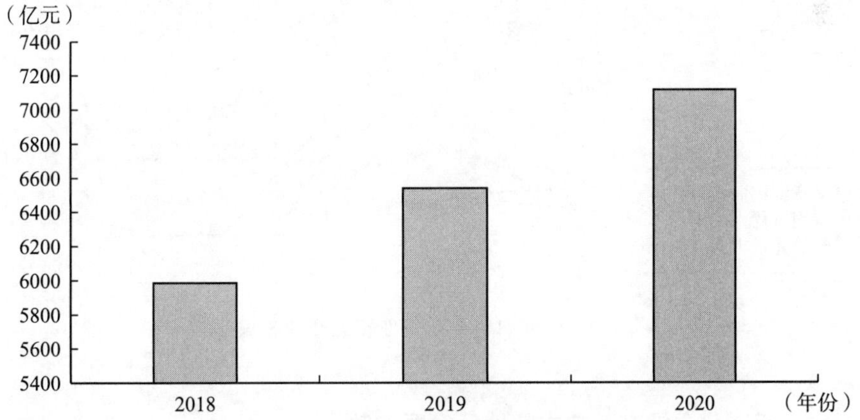

图1　2018～2020年江西有色金属产业发展规模

资料来源：江西省工业和信息化厅，《2018—2020产业发展年度报告》。

① 资料来源：江西省工业和信息化厅，《2018—2020产业发展年度报告》。

细分行业各有特色，逐步向高质量发展迈进。江西省铜产业规模位居全国前列，铜冶炼技术处于世界先进水平，形成了以铜杆、线、管、棒、板带、箔、异型材为主的完整的产业链；钨形成了以钨精矿 AP、氧化钨、钨粉、碳化钨粉、钨铁、钨条、钨丝、硬质合金以及硬质金属工具为主的完整的产业链，成为全国钨原料及冶炼产品的重要生产基地。稀土形成了稀土原矿、稀土氧化物、稀土金属、稀土永磁材料、稀土发光材料、稀土储氢材料为主的完整的产业链，成为全国稀土产品的重要生产基地。宜春钽铌矿资源得到充分利用，并被打造成为国内第一个“无尾矿”矿山。

产业集群发展，企业竞争力强。目前，江西省建成了贵溪铜及铜加工、鹰潭铜合金材料、赣州稀土磁性材料及永磁电机、龙南稀土精深加工、丰城再生铜铝、横峰有色金属综合回收利用等多个重点集群，形成了采选、分离、冶炼、加工和地质勘查、工程设计、科学研究等比较完整的工业体系。涌现了江铜集团、江钨控股集团、中国南方稀土集团、虔东稀土、章源钨业等一大批骨干企业。江铜集团已成为全国最大的铜冶炼加工企业，铜综合生产能力进入世界前三强；江钨控股是国内最大的钨、钽铌精矿供应商。有色重点企业布局如图 2 所示。

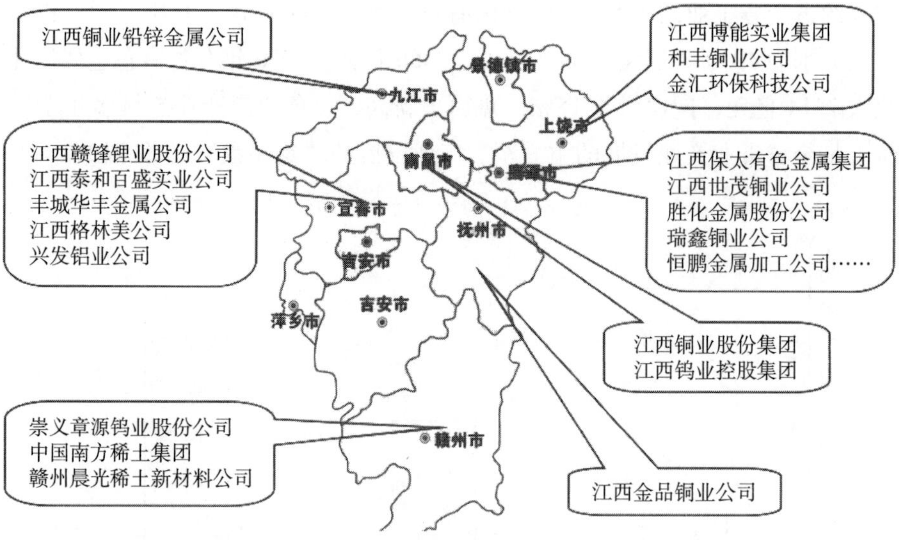

图 2　江西有色金属产业重点企业布局

（二）江西有色金属产业在中部地区发展态势

通过收集整理中部地区各省份的年鉴等资料，对中部六省有色金属产业的重点企业的营业收入做了排名，发现江西铜业股份集团领跑中部地区各省份的有色金属企业

（见表2）。可以看出，在有色金属行业中江西铜业集团领先，主营业务收入3185.63亿元，安徽铜陵有色金属集团、湖南五矿有色金属集团体量稍小，分别为1453亿元和1263亿元。因此，要实现江西经济稳步发展，充分发挥龙头企业、重点企业的带动作用是关键。

表2　　中部六省有色金属产业重点企业营业收入排名

省份	企业名称	营业收入（万元）
江西	江西铜业集团	31856300
安徽	铜陵有色金属集团控股有限公司	14534744
湖南	五矿有色金属控股有限公司	12635973
湖北	大冶有色金属集团控股有限公司	8080187
山西	太原钢铁有限公司	7060767
河南	安阳钢铁集团有限责任公司	3729747
安徽	铜陵精达铜材有限责任公司	774196
山西	山西省运城市龙飞有色金属有限公司	188626

资料来源：中国有色金属工业协会，笔者整理。

铜资源保障能力亟待提高，铜加工高端产品较少。江西省是国内铜精矿自给率最高的省份，但目前只能满足需求的40%左右，铜原料不足制约了产业发展。且目前废杂铜回收、拆解体系刚刚建立，以废杂铜为原料的企业开工率不高，并且缺乏处理低品位杂铜的先进工艺装备。同时，铜加工企业规模小、技术装备水平低下。江西省铜加工企业许多来自江浙的产业转移，基本是中小企业，技术装备水平相对落后，抗风险能力比较弱。包括江铜集团在内，铜精深加工人才短缺，发展铜精深加工主要依靠引进技术工艺装备，受到较大制约。钨行业开发前期都是以低层次的资源开采、冶炼及初级压延加工等为主，如今，在全球钨资源匮乏的大背景下，产业转型升级压力比较大。与钨行业类似，稀土行业开发层次也比较低，中高端产品占比较小。

有色金属新材料方面，一是技术差距明显，产品档次不够高。除少数产品外，大多数金属新材料产品属于中低档次。新材料跟踪仿制多，拥有自主知识产权的专利成果少，成果转化率低。高端产品关键技术攻关能力不足，超细晶、超粗晶碳化钨-钴硬质合金，高端白光LED稀土荧光材料、大尺寸高光学质量稀土激光晶体等关键技术缺乏。二是领军人才不足，前沿科研力量薄弱，大部分科研力量集中在普通材料领域，新材料专业人才不足，熟悉国际惯例和精通企业管理、技术研发、市场开拓的高端人才短缺，领军型创新创业人才不多。三是投入机制不够健全，新材料的科研、产业投入渠道单一投入总量不足。四是市场反应不灵敏，市场需求信息反应滞后，开拓新产品、应用新技术的速度迟缓。

环保降碳压力持续加大。前期积累的环境问题和新的环保要求叠加，治理压力巨大。加之“双碳”背景下，这给有色金属产业链做大做强的环保降碳压力持续加大。

三、江西有色金属产业链分析——基于SWOT分析范式

（一）自身优势（strength）

江西有色矿产资源丰富：铜、钨、稀土三足鼎立，钽铌、金、银、铀等资源遍地开花。铜储量占全国1/4，钨资源储量居全国第一，铜、铋资源储量居全国第三，黑钨资源、中重稀土资源储量全球领先，并且具有储量大、埋藏浅、易采易选、伴生矿产多的特点。2020年，我国精炼铜产量江西占比1/15，较往年比重进一步提升。江西有色金属产业在原矿采选冶炼、延压加工等前端领域工艺和技术装备水平达到世界先进行列。

产业成本要素质优价廉：江西水资源丰富，河网密集，河流总长约18400公里，有全国最大的淡水湖鄱阳湖，江西电力、土地资源充足且低廉。有色金属开发区数量达14个、面积7630公顷。

有色金属产业集聚不断壮大。有色金属产业的规模总量在江西所有产业中处于龙头地位，以铜、钨、稀土产业为代表，依托省内丰富的矿产资源，江西省有色金属产业迅猛发展，规模不断扩大，水平不断提高，形成了较完整的产业链和产业体系，是全国重要的铜、钨、稀土产业基地（见图3）。

培育出一批颇具竞争力的企业，为产业进一步发展打下了坚实的基础，涌现了江铜集团、江钨控股集团、中国南方稀土集团等一大批骨干企业。其中：铜产业以江铜集团为代表，生产能力、工艺技术和装备居世界先进水平；钨产业以江钨控股集团、崇义章源钨业股份公司为代表；稀土产业以中国南方稀土集团为代表；稀贵金属产业以九江有色金属冶炼股份有限公司、赣州腾远钴业新材料股份有限公司为代表（见图4）。

有色金属产业链逐渐完备。江西有色金属产业形成了采选、分离、冶炼、加工和地质勘查、工程设计、科学研究等比较完整的工业体系。在产业链方面：铜产业形成了以铜杆、线、管、棒、板带、箔、异型材为主的完整的产业链，江西铜业集团公司已成为全国最大的铜冶炼加工企业，铜产业链如图5所示。

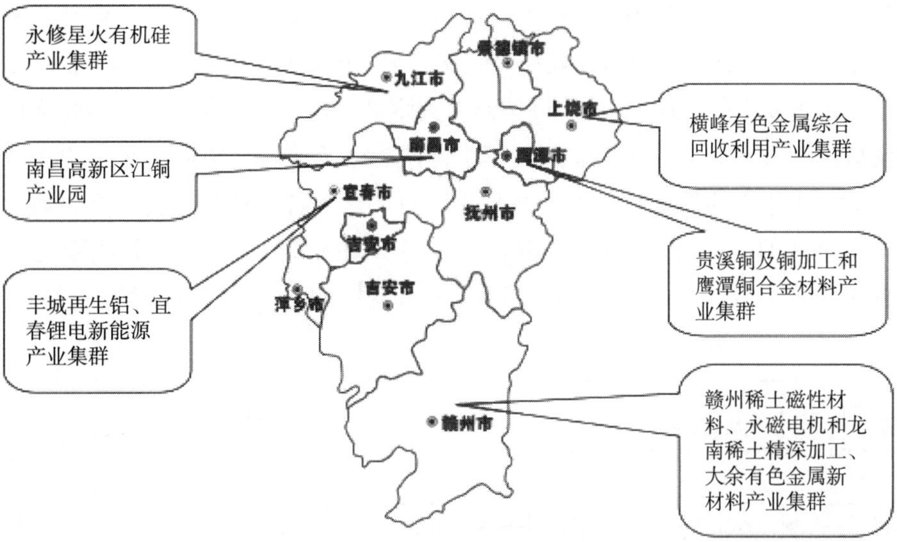

图3　江西有色金属产业布局

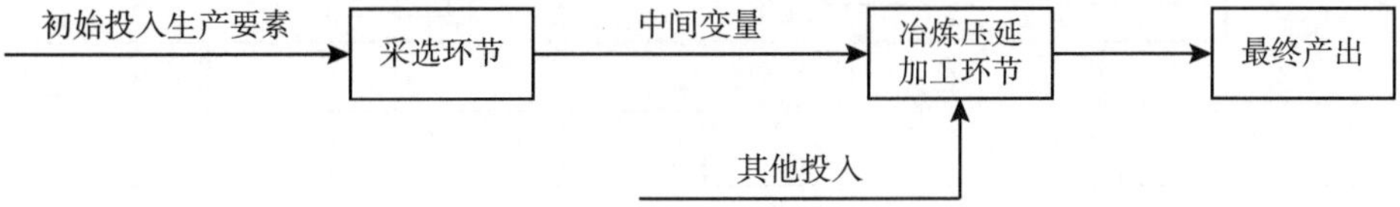

图4　江西有色金属产业链

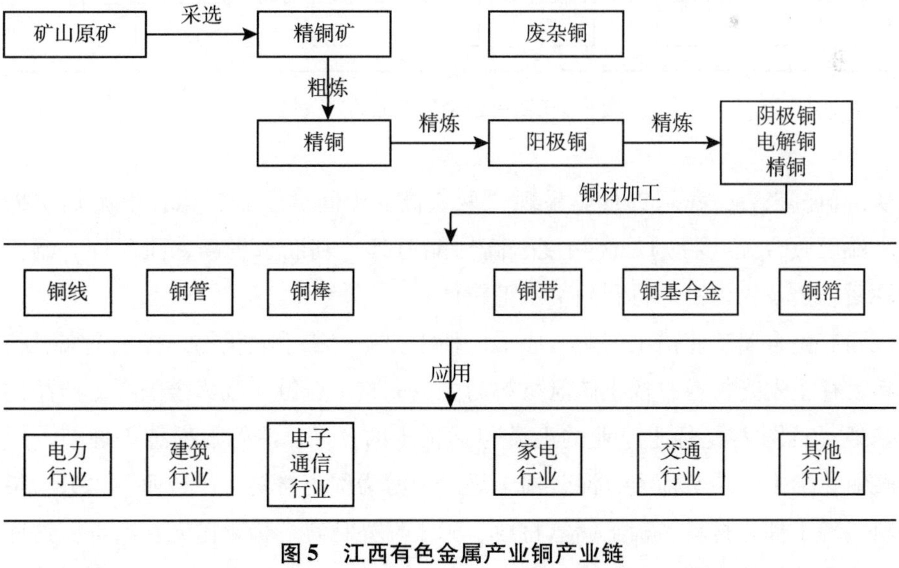

图5　江西有色金属产业铜产业链

江西有色金属产业钨产业形成了以钨精矿、APT、氧化钨、钨粉、碳化钨粉、钨铁、钨条、钨丝、硬质合金以及硬质合金工具为主的完整产业链，成为全国钨原料及冶炼产品的重要生产基地（见图6）。钨以其耐磨、耐高温、易导电、高强度的特性被广泛应用于机械加工、航空航天、军事国防、电子信息等领域，素有“工业的牙齿”之称。由于钨的稀缺性与不可替代性，目前已被各国列为重要战略金属，被誉为“高端制造的脊梁”。钨行业上游以黑白钨矿勘探采选为主，中游主要是“钨精矿－仲钨酸铵（AP）－钨粉”冶炼，下游包括钨材、钨丝、硬质合金等材料加工。

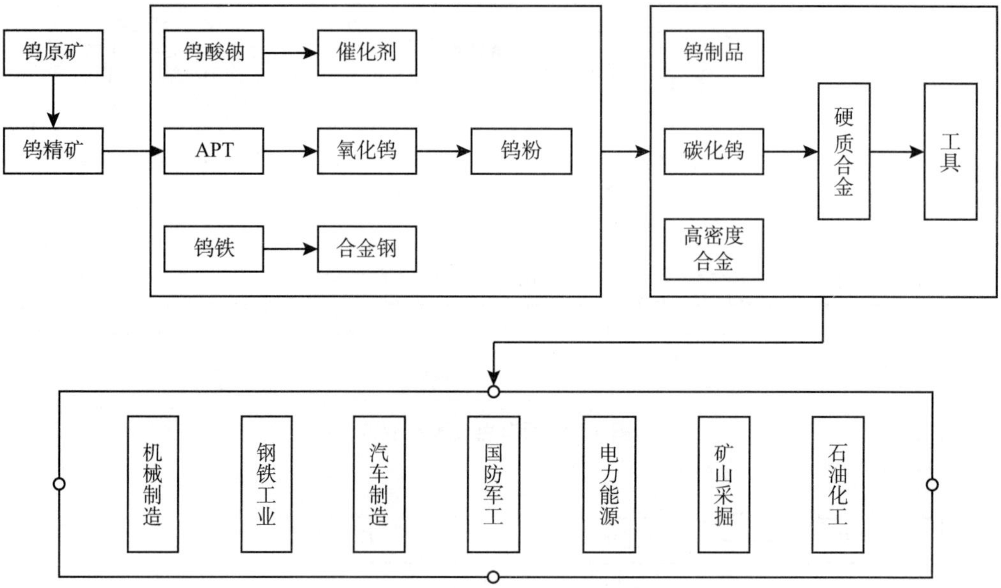

图6　江西有色金属产业钨产业链

从价值链来看，我国钨行业呈现“两头高、中间低”的特点：上游钨矿采选和下游高端硬质合金（特别是高精度、高性能刀具）利润水平高，而冶炼、制粉、中低档硬质合金及钨钢钨、材利润率水平较低。

江西有色金属产业稀土产业形成了以稀土原矿、稀土氧化物、稀土金属、稀土永磁材料、稀土发光材料、稀土储氢材料为主的完整产业链，成为全国稀土产品的重要生产基地（见图7）。稀土产业的上游包括稀土的开采、冶炼、提纯等环节，成品包括碳酸氯化稀土、磷矿稀土、混合稀土等。中游为稀土材料生产行业，可分为稀土永磁材料、稀土催化材料、稀土储氢材料、稀土发光材料、稀土抛光材料等。这些材料将根据不同的特性加入其他的产品中，如钢、玻璃、陶瓷、橡胶等，并形成更具特性的产品。稀土的应用十分广泛，大到坦克、战斗机、钢材冶金、光纤通信等领域，小到消费电子、催化剂、节能灯、汽车、显示器等产品都有稀土的存在。目前，江西稀土已形成完整产业链，赣州是全国重要的稀土产品生产基地。

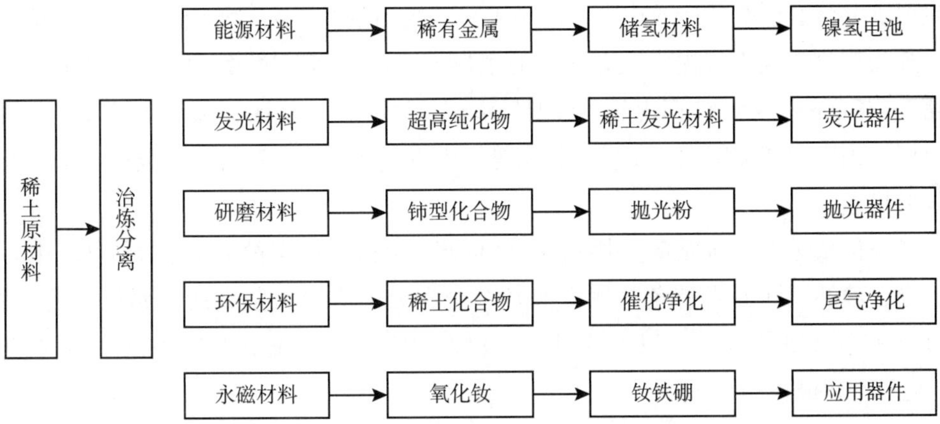

图 7　江西有色金属产业稀土产业链

（二）劣势（weakness）

产业层次还不高。精深加工占比偏低、终端应用较少、高端产品不多。全省有色金属新材料产业营收 1774. 8 亿元，仅占全产业的 24. 6%，还不到 1/4。

领航企业还不多。在产品市场占有率、产品价格话语权、企业资本实力等方面还不够高，尤其是在国际市场，与一流企业存在较大差距。产业链关键环节的重点骨干企业还不多，实力和竞争力还需进一步增强。

自主可控能力还不强。2020 年，有色金属产业链受到了疫情的巨大冲击，尤其是铜产业深度下探，说明江西省有色金属产业链还不够稳固安全，依然面临着断裂、阻滞、受制于人的风险和挑战。

科研成果转化还不够高。随着工业强省战略的推进，省内涌现了一批科研平台、产业基地和创新型企业，行业研发投入持续增长。但由于科研投入时间还不够长、技术积累还不够丰富，存在科研成果市场转化不足的问题，真正面向市场的具有市场竞争力的产品较少。

有色金属产品价格不稳定。由于中美两大经济体陆续进入主动去库存共振阶段，同时叠加新冠肺炎疫情在全球暴发，全球经济加速放缓，有色商品价格仍将全面趋势性下跌。伴随中美两大经济体陆续走出主动去库存阶段，疫情在全球范围内逐步得到控制，经济缓慢复苏，有色金属产品价格在 2020 年开始陆续攀高。

（三）发展机会（opportunity）

江西有色金属产业发展战略进一步凸显。省委、省政府历来高度重视有色金属产业发展，并将有色金属产业作为“2+6+N”产业的排头兵，纳入江西“十四五”规划，致力于打造成为率先突破万亿级的主导产业。江西正紧紧抓住国家实施“一带一路”、长江经济带、江西内陆开放型经济试验区、赣江新区、鄱阳湖国家自主创新示范区、国家生态文明试验工贸、赣南等原中央苏区振兴发展等重大战略带来的难得的发展机遇。

科技创新潜力不断提高。中科院赣江创新研究院、国家稀土功能材料创新中心先后成立，填补了江西省有色金属产业乃至全省无国家级大院大所直属机构的空白。2021 年有色金属产业亿元以上项目开工建设 193 个，总投资 1408 亿元，完成投资 607 亿元，建成投产 84 个。

（四）外部发展挑战与威胁（threats）

国际贸易环境不稳定性增强。世界百年未有之大变局加速变化和新冠肺炎疫情影响广泛深远，经济全球化遭遇逆流，单边主义、保护主义愈演愈烈，国际环境不稳定不确定性明显增加。近年来，全球经济增长缓慢，中国经济尚存韧性但下行压力较大，有色金属行业具有不稳定性。

四、基于 SWOT 模型的江西有色金属产业链战略发展思路

（一）江西有色金属产业链 SO 战略

通过 SO 战略分析，江西省要加快推进江西有色金属产业布局。在铜产业方面，以鹰潭为中心，南昌、上饶、赣州为重点进行全省铜产业的布局，形成区域特色，积极推动铜基新材料产业发展；钨产业，发挥资源优势，促进赣州、九江发展钨资源开采、冶炼及精深加工产业，培育完整的钨产业链。稀土产业，在赣州建设“中国稀金谷”，实施重大科技项目，解决产业共性难题，孵化高新技术企业。以中国南方稀土集团为龙头，培养产业科技人才，促进科技成果转化和产业化，促进区域科技资源高效分配和综合集成，引导创新要素向“中国稀金谷”集聚，最终将稀金谷打造成为具有世界影响力和知名度的稀土稀有金属高新技术产业园区（见表 3）。

表3　　江西有色金属产业链的SO战略

S-O	优势（strength）	机遇（opportunity）
	（1）矿产资源丰富 （2）后端应用产业增长迅速 （3）国际需求端优势 （4）产业集群优势 （5）产业资源优势 （6）产业规模优势 （7）产业营商环境优势	（1）重点纳入江西"十四五"规划和2035年远景目标纲要 （2）江西有色金属产业发展战略进一步凸显 （3）科技创新潜力不断提高
SO战略	（1）要充分挖掘江西有色金属产业优势，加快建设全国有色金属产业重要基地；（2）充分利用江西"十四五"规划和2035年远景目标纲要对有色金属产业链进行长远规划和战略定位，优化产业布局；（3）促进江西有色金属产业链进一步延伸；（4）大力推进产学研科技创新，加强产业链共性技术研究	

（二）江西有色金属产业链ST战略

ST战略强调江西有色金属产业链优化中如何利用自身优势回避或规避外在不利发展因素。

通过ST战略分析，江西省要从省级层面推动有色金属产业链高质量跨越式发展，大力推进有色金属产业链招商。在铜产业方面，重点围绕电子信息、电力电器、移动通信、交通建筑、航空航天等延伸产业链开展招商。境外招商主攻日本、美国、德国等国家以及中国台湾和香港地区，境内主攻上海、浙江、广东、江苏、安徽等地。钨产业重点围绕优质钨原料，向钨型材、高性能硬质合金及硬面材料、数控涂层刀具钻具等应用领域延伸开展招商。境外招商主攻日本、美国、瑞典、德国、法国、以色列等国家以及中国香港地区，境内主攻湖南、福建、江苏、浙江等地。稀土产业围绕做强做优磁性材料、发光材料、催化材料、储氢材料以及终端应用产业链拓展和稀土新材料及应用开展招商。境外招商主攻日本、美国、俄罗斯等国家以及中国香港地区，境内主攻北京、福建、广东、浙江、上海等地（见表4）。

表4　　江西有色金属产业链的ST战略

S-T	优势（strength）	挑战（threats）
	（1）矿产资源丰富 （2）后端应用产业增长迅速 （3）国际需求端优势 （4）产业集群优势 （5）产业资源优势 （6）产业规模优势 （7）产业营商环境优势	（1）国际贸易环境不稳定性增强 （2）国内经济下行压力较大 （3）价格持续震荡回落 （4）国内矿产资源短缺

续表

S-T	优势（strength）	挑战（threats）
ST 战略	（1）狠抓项目建设，推进有色金属产业链招商；（2）狠抓金融、人才、能源资源等生产要素的高度集成；（3）协调解决好再生金属原料进口难问题	

（三）江西有色金属产业链 WO 战略

应借助外部力量来弥补自身发展的不足和短板。应及时抓住稍纵即逝的发展机会、重点攻关，使其成为江西有色金属产业链高质量跨越式发展的突破口。

通过 WO 战略分析，江西省要对标提升，助推产业高端化发展。铜产业对标维兰德公司（德国）、古河电工（日本）、宁波博威集团、海亮股份、阳谷祥光铜业、安徽铜冠铜箔、浙江东尼电子等；钨产业对标山特维克（瑞典）、肯纳公司、世泰科（德国）株洲硬质合金、厦门钨业等；稀土产业对标日立金属（日本）、麦格昆磁美国北方稀土集团、中科三环、钢研集团等。要加大绿色循环化改造，实现产业集约化发展。坚持源头减量、过程控制、末端循环的理念，推广有色全产业链绿色发展模式，增强绿色制造能力，提高全流程绿色发展水平。加大环保投入力度，完善主要污染物在线监控体系。利用“互联网+”，依托“城市矿产”示范基地和进口再生资源加工园区，创新回收模式。加大融合力度。实施“互联网+”产业集群建设行动，支持工业智能云服务平台、行业电子商务平台等建设和大数据技术应用。鼓励有条件的有色金属精深加工及新材料企业建立高效协同的研发设计平台，加快生产设备智能化改造。支持企业申报两化深度融合示范、智能制造试点示范项目，鼓励企业开展两化融合管理体系贯标工作。培育优质企业。鼓励稀土、钨产业众多产品单一的小企业实施兼并重组，支持与国内知名院校、科研院所联合建立研发机构，使传统企业向优质“科技型企业”过渡，培育一批“单项冠军”“隐形冠军”企业（见表5）。

表5　江西有色金属产业链的 WO 战略

W-O	劣势（weakness）	机遇（opportunity）
	（1）产业层次还不高 （2）领航企业还不多 （3）自主可控能力还不强 （4）产业组织不合理，产业集中度低 （5）低水平重复建设，产能过剩问题突出 （6）科研成果转化还不够高	（1）重点纳入江西“十四五”规划和2035年远景目标纲要 （2）江西有色金属产业发展战略进一步凸显 （3）科技创新潜力不断提高

续表

W－O	劣势（weakness）	机遇（opportunity）
WO 战略	（1）积极发挥江西有色资源优势，提升有色金属产业链竞争力；（2）始终坚持自主创新；（3）大力发展精深加工；（4）加快促进两化融合；（5）培育壮大骨干企业；（6）做优做强龙头企业	

（四）江西有色金属产业链 WT 战略

必须审慎对待江西有色金属产业链面临的劣势和挑战。WT 战略要求在外部不利和自身不足的情况下如何推进江西有色金属产业链优化升级。

通过 WT 战略分析，江西省要加快创新引领，促进产业智能化发展。以需求为导向，推进技术、产品的创新；加快稀土功能材料创新中心等新型科研平台建设步伐，推行新的运行制度及管理模式；推进高校、科研院所、企业等机构的深度合作，建立协同创新平台在智能制造、大数据应用等方面完善产业创新综合体，发挥智能制造技术在生产要素配置中的优化和集成作用，促进产业智能化发展。同时要加快产业集群化发展。加快传统有色金属产业向新材料、高端制造、新能源、节能环保等战略性新兴产业优化升级，实现传统优势产业和战略性新兴产业协同发展。以大力发展有色金属新材料为突破口，通过重大项目支撑、平台共建等补链强链延链，重点发展特色优势产品，促进集聚集群发展，加强“世界铜都”“中国稀金谷”“亚洲锂都”等区域品牌建设，推动产业和产品迈向全球价值链中高端。要加强技术创新。集中突破一批关键和共性技术，继续推进国家铜冶炼及加工工程技术研究中心、钨资源高效开发及应用技术工程中心、国家离子型稀土资源高效开发利用工程技术研究中心、赣州有色金属研究所以及江西理工大学等重点科研院所的创新平台建设，扶持国家级和省级有色金属创新中心（稀土功能材料创新中心）建设（见表6）。

表6　江西有色金属产业链的 WT 战略

W－T	劣势（weakness）	挑战（threats）
	（1）产业层次还不高 （2）领航企业还不多 （3）自主可控能力还不强 （4）产业组织不合理，产业集中度低 （5）低水平重复建设，产能过剩问题突出 （6）科研成果转化还不够高	（1）国际贸易环境不稳定性增强 （2）国内经济下行压力较大 （3）价格持续震荡回落 （4）国内矿产资源短缺
WT 战略	（1）延伸拓展有色金属产业链；（2）优化产业布局；（3）加强技术创新，集中突破一批关键和共性技术	

（五）SWOT 模型综合分析

基于 SWOT 模型分析，推动铜、钨、稀土三个领域主要产品向高技术含量、高附加值方向发展，必须建立江西省有色金属产业链打造的短中长期发展目标。围绕当前有色金属产业发展热点和江西有色金属产业比较优势，对江西有色金属产业的铜产业链、钨产业链、稀土产业链这三个细分产业环节，从技术难度、投资强度、未来增长潜力和江西的基础四个方面，让江西有色金属产业内的企业对这些产业链各环节的未来增长潜力进行了评估。结合江西有色金属产业发展实际，文章对技术难度、投资强度、未来增长潜力和江西的基础分别赋予 30%、20%、30%、20% 的权重对江西有色金属产业的铜产业链、钨产业链、稀土产业链三个细分产业环节进行综合评分。

根据评分，结合江西有色金属产业实际，文章把综合评分的前 30% 作为短期发展的目标任务，中间的 30% 作为中期发展的目标任务，排在后面的 40% 作为长期发展的目标任务，以此来建立江西省产业链打造的短中期发展拓扑图。

1. 江西有色金属产业链短期发展的链条环节

在铜产业方面，综合评分排在前 30% 是发展高性能靶材、高性能铜合金板带材、高性能细合金线、超微细铜合金丝线材、新型铜合金。在钨产业方面，综合评分排在前面的 30% 是发展钨铜合金、超粗（超细）碳化钨粉、数控涂层刀具。在稀土产业方面，综合评分排在前面的 30% 是发展开采、冶炼分离等环节的清洁生产技术、稀土永磁材料、动力电池储氢材料、精细陶瓷、稀土催化剂、稀土镁铝合金、激光晶体、稀土荧光粉、照明电器（LED）、显示器（LCD）。

2. 江西有色金属产业链中期发展的链条环节

在铜产业方面，综合评分排在中间的 30% 是发展高性能铜板带、引线框架、特种漆包线、电子铜箔、覆铜板；在钨产业方面，综合评分排在中间的 30% 是发展亚微、超细硬质合金，高冲击韧性、高耐磨性硬质合金采掘工具，硬质合金涂层加工工具，硬质合金硬面材料，钨及钨合金材料。在稀土产业方面，综合评分排在中间的 30% 是发展高性能稀土磁性材料、稀土激光晶体材料、稀土储氢材料、稀土合金材料。

3. 江西有色金属产业链长期发展的链条环节

在铜产业方面，综合评分排在后面的 40% 是发展高精铜材、高强高导电合金铜、精密铜管。在钨产业方面，综合评分排在后面的 40% 是发展硬质合金废料综合回收及低品位复杂矿源冶炼技术、钨废料回收利用体系。在稀土产业方面，综合评分排在后面的 40% 是发展稀土合金零部件、稀土永磁电机、土尾气净化催化剂及器件、电动汽车。

4. 构建江西有色金属产业链打造的短中期发展图谱

为了能更形象地表示江西有色金属产业链打造的短中期发展目标环节，文章建立了拓扑图（见图8），以T字母开头的环节来表示铜产业方面，以W字母开头的环节来表示钨产业方面，以X字母开头的环节来表示稀土产业方面，鱼骨头部表示江西有色金属产业两年左右能发展布局的产业链环节，鱼骨中部表示江西有色金属产业在四年左右能发展布局的产业链环节。鱼骨尾部表示江西有色金属产业在六年左右能发展实现产业链完整布局需要发展的产业链环节。

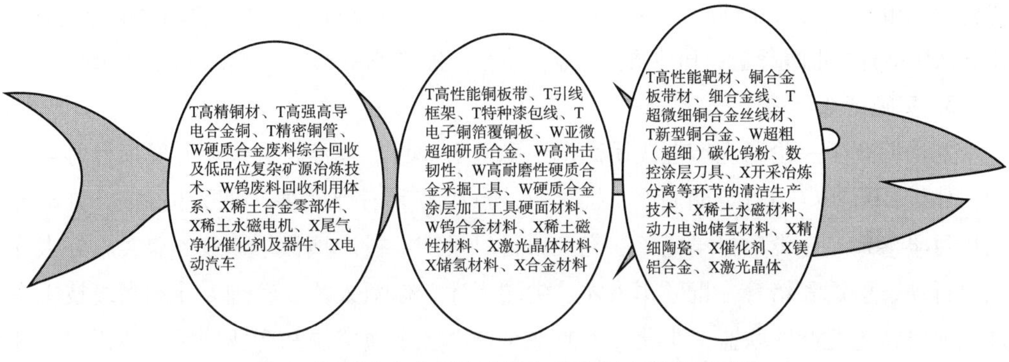

图8　江西有色金属产业链打造的短中期发展图谱

五、江西有色金属产业进军万亿产业的发展举措建议

（一）江西有色金属产业链强化内生动力方面

1. 实施创新驱动工程

围绕产业链部署创新链。瞄准行业的关键技术和共性问题，集中优势资源和力量开展科研攻关，继续推进国家铜冶炼及加工工程技术研究中心等重点科研院所的创新平台建设，发挥中科院赣江创新研究院、国家稀土功能材料创新中心、江铜技术研究院等创新平台的作用和高校融合产业链、创新链、学科链的优势，加速形成资源共享、紧密合作、优势互补的“产学研用金”协同创新体系，不断增强有色金属产业的原始创新能力和集成创新能力，摆脱传统路径依赖，不断延伸有色金属产业链。加快促进两化融合。要坚持产业数字化、数字产业化方向，实施铜产业大数据中心扩容工程，支持鹰潭依托江西铜业集团有限公司建设铜工业国家工业互联网二级解析结点，助推企业入网上云数字赋能要加快建设一批智能矿山、智能冶炼工厂、智能加工工厂，不断提升有色金属产业的智能化水平。加快推进军民融合发展，努力在有色金

属领域实施一批军民融合重大项目、培育一批军民融合示范企业。

2. 实施企业培育工程

做优做强龙头企业。进一步深化改革创新、加强资源储备、拓展整合途径，加快形成集采矿、冶炼、精深加工于一体的全产业链体系，实施江西集团三年创新倍增行动，朝着世界一流企业迈进。江钨控股集团要全面消化历史遗留问题，加大内部管理力度，加快推进转型升级。中国南方稀土集团要实施国家稀土发展战略，加快打造成为具有较强市场话语权、行业引领力和国际影响力的国家级大型稀土企业集团。培育壮大骨干企业。开展优质企业梯次培育，遴选一批有色金属行业的骨干企业进行重点培育。深入推进企业上市“映山红行动”，加大企业股改上市力度，充实有色金属产业的上市企业后备库，加快培育一批瞪羚企业和独角兽企业，培育一批“单项冠军”“隐形冠军”企业。

3. 实施产业集聚工程

加快赣州生一伦稀土产业集团高端永磁电机项目、九江特大钨矿开发项目等重大项目建设，落实好项目定期调度、推进、挂点服务和考评奖惩“四大机制”，推动签约项目早落地、建设项目早完工、完工项目早投产、投产项目早达效。要实施好人才兴链行动，引进和培育一批领军人才、尖端人才、创新人才、管理人才和高级技工人才。要坚持组建产业联盟，强化江西省在全球有色金属资源和产业领域的话语权。江西铜业集团要发挥好龙头作用，对本领域的本土企业给予更多支持。研究制定鼓励省内上下游企业协作配套的指导意见，搭建更多供需对接平台，推动省内重点集群产业之间加强协作，打造成全国性的品牌，帮助企业开拓市场、扩大销售，不断完善产业集群配套协作能力。

4. 实施绿色循环化改造工程

全面摸清江西省有色金属行业的产能、产量、用能量以及二氧化碳排放量等相关数据情况，深入分析，科学测算，抓紧编制有色金属行业碳达峰碳中和工作的时间表、路线图、任务书。加强节能减排技术创新，加快推广应用先进适用绿色低碳技术，提升有色金属生产过程余热回收水平持续优化工艺过程控制，推动单位产品能耗持续下降，切实减少能源消耗环节的间接碳排放。加快再生有色金属产业发展，推进绿色矿山、绿色工厂等创建，完善废弃有色金属资源回收、分选和加工网络，加强固废处理和综合利用、矿坑生态复垦等工作，提高再生有色金属产量，确保省内所有厂矿单位年内全部达到国家绿色矿山、工厂建设要求。

（二）江西有色金属产业链强化外部保障方面

1. 实施有色产业资源配置优化工程

深入实施产业链链长制，要进一步细化链长制工作要点和任务清单，压实责任。

按照高质量发展的总体目标，加快实施开放式、战略式重组，通过资产重组、股权合作、资产置换等方式，推动有色金属企业资源配置再优化，推进省内强强联合，继续稳妥推进有色金属、矿产等领域企业的战略重组。

2. 实施产业要素协同化工程

以“揭榜挂帅”促创新链产业链融合。借助互联网、大数据、人工智能等技术，完善“江西省网上常设技术市场”，从需求征集、入库遴选、榜单发布、揭榜申报、评审论证、供需对接、入库立项、日常管理、跟踪监督等环节全方面服务与监督，提高各方参与积极性和对接精准度。积极纾解金融“痛点”，拓宽企业直接融资渠道，推动实力企业在各大交易平台发行企业债和债转股型企业债。着力破解人才“难点”。培养一批“制造 + 服务”“数字 + 科技”等复合型人才。大力畅通物流网络“堵点”。大胆探索“国家级物流枢纽 + 产业新城”的创新模式，以产城融合的格局和视野打造强大的物流产业集群，加快物流业数字化转型，降低企业物流成本，实现货物流通陆、水、空“一体化”。

参考文献

[1] 刘志彪. 产业链现代化的产业经济学分析 [J]. 经济学家, 2019 (12): 5 - 13.

[2] 侯春繁. 湘粤赣毗邻区有色金属产业链对比与优化研究 [D]. 北京: 中国地质大学, 2020 (11).

[3] 黄群慧. 以产业链供应链现代化水平提升推动经济体系优化升级 [J]. 马克思主义与现实, 2020 (06): 38 - 42.

[4] 王若兰. 去全球化与产业链重塑 [J]. 国际金融, 2020 (12): 15 - 16.

[5] 郭朝先. “双碳”目标下我国有色金属工业转型发展研究 [J]. 广西社会科学, 2022 (01): 135 - 143.

[6] 宫明娥. 内蒙古有色金属产业发展现状及对策建议 [J]. 中国矿业, 2016, 25 (06): 54 - 57 + 71.

[7] 聂辰席. 开局“十四五”开启新征程加快广播电视和网络视听高质量创新性发展 [J]. 中国广播电视学刊, 2021 (12): 8 - 15.

[8] 胡学英, 蔡干杰. 江西电子信息产业链供应链优化升级研究 [J]. 工信财经科技, 2021 (01): 109 - 121.

[9] 国务院. 关于印发 2030 年前碳达峰行动方案的通知. 国发〔2021〕23 号 [EB/OL]. (2021 - 10 - 24) [2022 - 6 - 20]. http: //www. gov. cn/zhengce/content/2021 - 10/26/content_5644984. htm.

Research on the Optimization and Upgrading of the Supply Chain of Jiangxi Non-ferrous Metal Industry Chain

Hu Xueying Cai Ganjie

Abstract: This paper analyzes the current situation of the development of non-ferrous metal industry in Jiangxi, quantitatively analyzes and compares the non-ferrous metal industry in 6 central provinces such as Anhui, Hubei, Jiangxi, Henan, HuNan and Shanxi, and finds out the problems existing in the development of non-ferrous metal industry in Jiangxi. Based on the SWOT analysis model, the non-ferrous metal industry chain in Jiangxi is analyzed from four aspects: advantages, disadvantages, opportunities and challenges, and around the current hot spots in the development of the non-ferrous metal industry and the comparative advantages of Jiangxi non-ferrous metal industry, the three subdivision industrial links of the copper industry chain, tungsten industry chain and rare earth industry chain of Jiangxi non-ferrous metal industry are evaluated from four aspects: technical difficulty, investment intensity, future growth potential and Jiangxi foundation, and the short-, medium- and long-term development goals and maps of Jiangxi non-ferrous metal industry chain are constructed. Countermeasures and suggestions are put forward for Jiangxi's non-ferrous metal industry to enter the trillion industry.

Keywords: Jiangxi Non-ferrous metals Industrial chain Optimize upgrades

对项目建设全流程管理的几点思考

陈国良*

摘　要： 近两年来朝阳市把握辽西北承接产业转移示范区和辽西融入京津冀协同发展战略先导区“两区建设”战略机遇，在产业项目落地建设方面取得了良好成绩。2021 年，全市实施建设项目 1096 个，总量居于辽宁省第三位。基于朝阳市项目建设与管理实践，本文从信息平台建设、项目包装、项目结构调整、工作机制等方面提出优化产业项目建设全流程管理的具体路径和实施方案。

关键词： 朝阳市　项目建设　全流程管理

2022 年初以来，辽宁省朝阳市项目建设取得了令人鼓舞的成绩，截至 4 月末，全市固定资产投资增速实现 8.9%，增速位居全省第四。为促进朝阳市重点项目建设工作步入高质量的发展轨道，牢牢把握“政府投资、企业投资”项目的“进口、出口”关，进一步提高全市项目建设的科学化、规范化的水平，不断适应经济社会发展的新形势和新要求，有效解决项目布局不合理、质量不高、决策依据不足、信息不对称以及服务意识不强等问题，应培育“绿色低碳、创新引领、科技先行，专业分析、统筹布局，资本、政府、产业互动融合，真诚合作、互利共赢”的项目建设思维。

一、创新项目建设管理的基本内涵

全面贯彻落实党的十九大会议精神，坚持创新、协调、绿色、开放、共享的新发展理念，以推动高质量发展为主题，以深化供给侧结构性改革为主线，牢牢抓住东北

---

* 作者简介：陈国良（1965～），辽宁朝阳人，朝阳市发展和改革委员会副主任，文学学士。

振兴的有利契机，要下大气力推动钢铁、有色、石化、化工、建材等传统产业优化升级，加快工业领域低碳工艺革新和数字化转型。严把新上项目的碳排放关，坚决遏制高耗能、高排放、低水平项目盲目发展。

以产业为载体、企业为主体、技术创新为关键、对外合作为动力、效能提升为保障，引导重大项目和资金向辽西北承接产业转移“示范区”、辽西融入京津冀协同发展战略“先导区”聚焦。

千方百计引进世界500强、中国500强、中国民营100强，充分发挥“头部”企业的引领作用，改造升级“老字号”、深度开发“原字号”、培育壮大“新字号”。优先引进投资密度强、科技水平优、产品附加值高、财税贡献率大、能效比低、环境影响最合规的项目，优化全市产业结构，有效实现“新旧动能”转换。突出重点领域，抓好薄弱环节，加强组织协调，完善工作机制，不断开创朝阳振兴发展的新局面。

二、整合资源、协同管理，创立信息共享的数据平台

（1）为改善全市项目招商信息单一、管理松散、各自为政等不利的工作局面，全面整合各方面的信息资源，创立分工协作、互利互通、信息共享的管理通道。

（2）建立“朝阳市项目建设数据库”，形成完整、有效的数据链，数据之间相互关联，信息要全面、准确，并及时更新，实现区域之间、部门之间、系统之间信息交换和运用，进而生成全市重点项目。“朝阳市项目建设数据库”应由“专业技术人才和高技能人才资源库”“科技成果数据库”“公共服务网和辽宁省知识产权综合服务平台”“资本投资库”“招商项目储备库”“专业机构评估库”6项子系统组成。随着工作的逐步深入，不断补充和完善相关系统。

（3）发展改革部门负责“专业机构评估库”建立和管理，与国内顶级的咨询机构开展合作。人社部门负责“专业技术人才和高技能人才资源库”的建立和管理，发挥本土人才的作用。科技部门负责“科技成果数据库”建立和管理，多方吸纳高校院所科技成果，推动科技创新企业的发展，让重新谋求产业布局的“专利技术”企业落地生根。市场监督管理部门依托国家知识产权局的“公共服务网和辽宁省知识产权综合服务平台”，提供专利信息的查询、检索、行业分布等信息服务，积极吸纳先进的“专利技术”和“转让技术”，推动科技创新企业发展。金融管理部门负责“资本投资库”建立和管理，积极引入“金融资本”和“社会资本”，催生产业规模化和集约化的形成、扶持成长型的企业成功上市、带动地方配套企业共同发展。商务部门负责“招商项目储备库”建立和管理，补充完善“政府投资项目”和“企业投资项目”，建立创业孵化型项目、高成长科技创新型项目、传统产业升级改造项目以

及带动区域大发展和快发展的重大项目等多层级和梯队式项目体系。最终，发改部门集成全部信息资源，组建“朝阳市项目建设数据库”，消除部门之间、行业之间、区域之间的有形或无形壁垒，打破信息不对称的尴尬局面，构建“数字化”“信息化”全新的项目建设平台。

(4) 要充分调动各方面的积极性、主动性和创造性，依托全市形成的信息资源，多视角、分步骤地广泛接触，吸引投资主体参加全市重点项目建设。对于“政府投资项目”实行“定向”招商，设定条件、明确要求；对于“企业投资项目”实行“散点”招商，立足产业结构调整、新旧动能转换和绿色低碳理念。

三、依托信息、包装引进，形成精准推进的工作格局

(1) 根据项目相关属性和区域产业定位，充分利用项目建设平台的丰富信息资源，从6个项目建设的系统中，着重挖掘、整理出项目所需的必要信息，形成全流程的项目方案。

(2) 涉及政府投资的项目，方案主要包括：项目的区域经济社会发展背景、建设规模、投资控制、规划条件、土地利用、环境评价和合作方式等限定要素。方案要突出项目的个性化特征、内容翔实、需要解决的问题要具体。同时，积极与具备资金实力、质量保证、工期限定和典型工程案例等能力的潜在社会资本进行有效对接，多方听取意见和建议，修改和完善项目方案。

(3) 涉及企业投资的项目，方案主要包括：区域产业发展的区位优势、空间承载能力、能效比、资源条件、资本需求、人才引进、科技水平等内容。同时，方案中明确投资主体应具备自主核心技术、掌握市场份额、拉动劳动就业、财税贡献较大等能力，特别是能够带来相关配套产业落地，形成全产业链发展的格局，增强核心竞争力，进而创立产业集群。

(4) 要善于发现优质项目，积极寻求合资合作，形成差异化的项目方案。对于符合国家产业发展方向、市场前景广阔、区域牵动力强的重大项目，依据项目的实际情况，形成项目方案，尽最大可能满足投资主体的要求；对于技术积累已完成、市场预期充分的项目，要结合区域的资源优势，提供必要市场份额和协调配套产业；对于未来前景广阔、通过典型示范推广、能够形成全产业链的项目，要从规划、政策扶持等方面满足项目建设的需要。

四、突出优势、专业分析，打造科学严谨的评价体系

（1）专业评估机构要广泛吸纳理论知识渊博、实践经验丰富的人才组建专家队伍，借助“外脑”的优势，在宏观层面，对全域或区域产业进行定位、重大项目进行“会诊”，提供第三方的智力支持。

（2）政府投资和企业投资的投资主体，要结合项目的实际情况，形成项目的投资方案。方案中要突出项目的经济价值和社会价值，要体现投资主体的投资优势、技术优势和运营管理的优势。

（3）要结合社会资本主体的投资方案，委托第三方咨询机构，聘请国内相关专业的专家，在微观层面，从技术优势、资金实力、市场预期、合作方式等角度，进行专业评估审查，“专业的问题，务必由专业的机构来解决”，为政府科学决策提供可供参考的依据。

（4）对政府投资项目，审批部门要在可研阶段和初步设计及概算阶段，委托咨询机构评估论证，并出具评审意见。同时，对于重大的企业投资项目，审批部门也要委托咨询机构评估论证，并出具评审意见。

五、结构调整、绿色低碳，推动产业技术的深度变革

（1）将碳达峰、碳中和目标要求全面融入全市项目管理的全流程，强化国土空间规划、专项规划、区域规划和地方各级规划的支撑保障，确保项目建设与碳达峰、碳中和的主要目标、发展方向、重大政策等协调一致。

（2）以智能制造为主攻方向，大力发展新材料、绿色农产品精深加工产业集群，优化提升汽车零部件、特色装备制造产业集群，培育壮大电子信息、数字经济、新能源产业集群，同步推动纺织服装、生物医药产业发展，大力提升产业链、供应链现代化水平，提高供给体系质量和效益，做优做强战略性新兴产业和未来产业。推动互联网、大数据、人工智能、第五代移动通信（5G）等新兴技术与绿色低碳产业深度融合。

（3）落实国家、省关于能源、钢铁、有色金属、石化化工、建材、交通、建筑等行业和领域碳达峰实施方案。以节能降耗为导向，严格执行产业结构调整指导目录。加快推进工业领域低碳工艺革新和数字化、智能化转型，实施智能化提升工程，推动工业互联网、人工智能等新一代信息技术在装备制造、钢铁冶金等重点行业的融合应用。

六、上下联动、统筹全局，确立步调一致的决策机制

（1）建立系统的“纵向”和“横向”联动协同机制。“纵向”协调机制是由市直部门协调各县（市）区“对口”行业主管部门，实现相关项目管理的协同；“横向”协调机制是由市县两级发展改革部门汇总行业主管部门的项目，实现区域和全域项目的总协同。

（2）涉及区域内部的重点项目，由各县（市）区政府自行落实，并向市行业主管部门报备；涉及全市全域的重大项目布局，由市政府统筹安排布局。

（3）对政府投资项目，根据项目的属性、投资主体的投资方案和第三方咨询机构的评估审查意见，由行业主管部门提出初步工作建议，提交市政府或县级政府集体研究决策，将投资主体控制在2～4家。

（4）对企业投资项目，根据区域产业定位、规划条件、土地利用、环境影响、投资主体的投资方案和第三方咨询机构的评估审查意见，由行业主管部门提出初步工作建议，提交市政府或县级政府集体研究决策，并经市司法局合法性审核后，与投资主体签订项目合作框架协议。

七、严格程序、把握关键，加强前期工作的规范管理

（1）对于政府投资项目，按照《政府投资条例》的规范要求，市县发展改革委会同相关部门要严格审批项目建议书、可行性研究报告、工程初步设计及概算，严格落实工程规划选址、土地预审、环境影响评价、节能和维稳，工程规划许可、工程建设用地许可。

（2）对于产业类项目，按照《企业投资项目核准和备案管理条例》的规范要求，规范政府对企业投资项目的核准和备案行为。市县审批局和园景区管委会严格核准和备案项目的规范管理，严格落实工程规划条件、土地出让、环境影响评价、节能和维稳，工程规划许可、工程建设用地许可，为产权办理、投资入统和融资信贷等问题的化解，铺平“绿色”通道。

（3）依据国家发展改革委等15部门印发的《关于印发全国投资项目在线审批监管平台投资审批管理事项统一名称和申请材料清单的通知》规定，规范投资审批行为，全部项目务必纳入省在线监管平台审批，并获取24位项目终身编码。同时，市县两级发展改革部门及时将项目录入省重点项目库，落实好“一库三清单”的要求，实现动态管理。

（4）牢牢把握招标投标的关键环节，依据《招标投标法实施条例》和政府采购等文件的规范要求，委托有实践经验的招投标代理机构，依法合规地开展招投标代理工作。对政府投资的项目，根据投资主体和项目的实际情况，结合公开招标、邀请招标、竞争性谈判、竞争性磋商和单一来源5种类别，选择最为恰当的方式，突出潜在社会资本资金实力强、工程质量高、运营经验丰富的特点，提出招标公告和评标细则，公平公正、综合考评、择优确定项目的投资主体。

（5）按照《建筑工程施工许可管理办法》的要求，中标的施工企业需办理施工许可证，应当自领取施工许可证之日起3个月内开工建设。在项目开工之前，按照《中华人民共和国环境影响评价法》的要求，需要取得建设项目的环境影响评价文件批复；依据《固定资产投资项目节能评估和审查暂行办法》的规定，需要取得建设项目的节能审查文件批复。工程竣工投产之前，要完成决算和审计工作，履行竣工验收程序，取得竣工验收手续。严格执行会计制度规定，形成的固定资产要纳入固定资产管理账户，做到账实相符、账账相符。特别是涉及中央预算内等财政性资金投入的政府投资项目，要按照《企业国有资产监督管理暂行条例》的要求，国有资产监督管理机构要防止企业国有资产流失，杜绝企业国有资产损失。

八、效率优先、诚信至上，构建国内最优的营商环境

（1）要建立健全责任制，分管副市长为市属项目的主要责任人、相关主管部门主要领导为具体责任人；分管副县（市）区长为县属项目主要责任人、相关部门主要领导为具体责任人。同时，根据项目的属性，描绘出“路线图”、形成好工作方案、设定出完成时限，积极主动推进项目建设。

（2）针对已明确的具体项目，要全部纳入年度要素保障的范围，集中时间、集中精力逐个项目、逐项问题认真研究，确保每年3月底前化解全部存在的实际问题、完成规定的前期工作。特别是对潜在的风险要提前作出预判，并形成有针对性的解决方案。

（3）结合区域发展的实际，因地制宜地设立全流程“保姆式”的服务体系，制定出项目建设的“负面清单”、明确具体的办事流程或指南、合理确定各项收费的范围和金额等，提供给投资主体。并按照项目的需求，各地、各部门明确具体工作人员，全程跟踪项目，提供最便捷、最高效的服务，帮助办理项目所需全部手续。

（4）在真诚合作、互利共赢的基础上，依法依规向投资主体提供各项灵活的优惠扶持政策，认真履行与投资主体签订合法合规的框架协议或合同，不得以政府换届、相关责任人更替等理由拒不执行，不得随意改变约定，不得出现“新官不理旧

账”等情况。对造成政府严重失信违约行为的主要责任人和具体责任人要严肃追责。

Suggestions on the Whole Process Management of Project Construction

Chen Guoliang

Abstract: In the past two years, Chaoyang of Liaoning province has grasped the strategic opportunity of "two Zones construction", which is Northwest Liaoning undertaking industrial transfer demonstration zone and Western Liaoning integrating into the strategic pilot area of BTH coordinated development, and achieved good results in the landing and construction of industrial projects. In 2021, Chaoyang implemented 1096 construction projects, ranking third in Liaoning province. Based on the project construction and management practice, this paper puts forward the specific path and implementation plan to optimize the whole process management of industrial project construction from the aspects of information platform construction, project packaging, project structure adjustment and working mechanism.

Keywords: Liaoning Chaoyang　Project construction　Whole process management

我国四大区域全面小康实现程度评价

张　依*

摘　要：全面小康不仅在总体上、更要在区域上实现发展平衡性，确保各区域协调发展。文章构建全面小康实现程度综合评价体系，对2004～2019年四大区域全面小康实现程度进行了测算和比较分析，从而明确各区域全面小康建设成就与关键短板，剖析区域小康水平非平衡性背后的具体原因。实证结果显示：2004年以来，我国全面小康社会建设取得瞩目成就，实现程度从56.63%上升到2019年的96.58%，增长了0.71倍，但科教文化、资源环境依然是全面小康社会建设短板。同时，全面小康建设存在明显的区域间差异。2019年全面小康水平由高到低为：东部、中部、东北、西部；15年来中部地区全面小康水平增幅最大，赶超效应明显，其次为西部、东部、东北；区域小康水平非平衡现象主要集中于经济发展、科教文化、资源环境三方面；基于评价结果，从融入双循环新发展格局、提升新型城镇化质量、增强营商环境竞争力、完善科技创新体制机制、培育文旅新业态、加强生态环境建设六方面提出政策建议。

关键词：全面小康　四大区域　实现程度　评价指标体系

一、引　　言

全面小康社会建设意义重大。全面小康重点在于“全面”，不仅要在总体上完成全面小康建设目标，更要重视区域协调发展，确保全面小康均衡性，解决发展不平衡不充分矛盾问题。为明确各区域全面小康建设成果及关键短板，本研究根据不同区域

* 作者简介：张依（1996～），辽宁锦州人，辽宁大学经济学院博士生，研究方向：政府规制、区域经济，电子邮箱：526991721@qq.com。

发展实际，构建全面小康建设评价指标体系，对四大区域全面小康实现程度进行评估与比较，以把握全面小康总体建设及各区域实现情况，为决胜全面小康、推动区域协调发展提供决策参考。在年份数据及指标选取方面，选取主要指标数据最早可以获得的2004年为起始年、可获取最新数据的2019年为末期（个别指标以2004～2018年数据为基础，根据stata软件推算得出）；指标主要依据科学评价及数据可得性两方面要求确定。

目前，已有一些学者对我国某些区域全面小康实现程度进行了测算与评价。一是对东部发达省份全面小康实现程度进行测算，从经济发展、创新驱动、人民生活、生态环境、文化发展、社会治理六方面，利用变异系数法对2014～2016年苏、浙、粤三省进行测算与比较（黄瑞玲等，2018）。二是对西部地区全面小康实现程度进行测算，基于国家统计局的全面小康社会统计监测指标体系对2000～2008年新疆进行评价（李红，2010）；应用ETS模型、ARIMA模型进行预测，认为陕西如期完成全面小康建设目标存在一定不确定性（刘生胜等，2016）；从经济发展、人民生活、社会发展、政治民主和资源环境五个方面对“十二五”时期内蒙古农村牧区全面小康实现程度进行测算（王关区、刘小燕，2018）。三是对中部六省全面小康实现程度进行测算，从物质文明建设、精神文明建设、政治文明建设、生态文明建设四个维度，采用综合集成赋权法对中部六省2003～2005年全面小康实现程度进行评价（郭国峰、王彦彭，2007）；从经济发展、社会发展、人口素质、生活质量、民主法制、资源环境六方面，运用主成分分析法对2005年中部六省全面小康实现程度进行测算（罗世俊等，2008）；采用综合评价法测算中部地区“十二五”期间的文化小康指数，认为2015年该指数实现程度仅为65.39%，远低于全国平均水平（朱波、郭瑛，2017）。

此外，另一些研究对农村全面小康建设进行了综合评价，实证结果显示2003年末全国农村全面小康才实现15.6%，农民收入、社会保障和科教卫差距较大（蒋远胜等，2005）；采用熵权法测度了我国农村居民生活富裕水平，发现农民生活富裕指数存在较大省际差异，第一梯队与第二梯队存在明显的“门槛”效应（申云、李京蓉，2017）。以上研究构建全面小康实现程度评价指标体系并进行区域实证分析，提出针对性对策建议，对于弥补关键短板、推进全面小康实现具有积极价值。

但上述研究总体而言，一是多数学者的评价年份相对较早，缺乏最新年份的测算分析；二是已有研究大多集中于单个区域及区域内部省份间的评价与比较，缺乏全国及四大区域间的评价与比较；三是评价对比的时期间隔较短，多数只有两三年的比较分析，缺乏较长期演进分析。本研究收集全国各省份数据，利用最早可获得较全面数据的2004年至最新数据的2019年为研究基础，对全国及四大区域全面小康实现程度进行综合评价与比较分析，有利于从宏观视野上把握全国及四大区域总体情况、从具体分项指标上把握各区域关键短板，进而为全面小康建设及区域协调发展提供必要的参考。

二、全面小康评价指标体系构建与评价结果

（一）全面小康评价指标的选取

全面小康评价指标选取的主要依据为国家统计局制定的全面建成小康社会统计监测指标体系、发展与民生指数（DLI）评价指标体系以及《国民经济和社会发展第十三个五年规划纲要》、各区域“十三五”规划文件中的评价指标。结合数据可获取性原则，最终构建了经济发展、科教文化、人民生活、资源环境四个方面共29项指标的全面小康综合评价指标体系。同时根据不同区域的发展特征，充分考虑区域差异性对评价结果的影响，设定了各区域具差异性的目标值评价标准（见表1），使得评价更加科学化与合理化。数据来源为历年的《中国统计年鉴》《中国科技统计年鉴》《中国文化及相关产业统计年鉴》、国家统计局官网等。

表1　全面小康评价指标体系

一级指标	二级指标	单位	全国目标值	权重	各区域目标值			
					东部	东北	中部	西部
经济发展（25.28%）	人均GDP（2010年不变价）	元	≥57000	3.79	≥57000			
	第三产业增加值占GDP比重	%	≥50	3.29	≥50			
	城镇化率	%	≥60	3.18	≥65	≥60	≥60	≥55
	私营外商港澳台工业占主营收入比重	%	≥55	4.11	≥60	≥55	≥55	≥55
	货物进出口总额占GDP比重	%	≥30	3.83	≥40	≥30	≥30	≥25
	居民消费支出占GDP比重	%	≥36	3.38	≥36			
	互联网普及率	%	≥50	3.70	≥55	≥50	≥50	≥45
科教文化（21.06%）	研究与试验发展经费支出占GDP比重	%	≥2.5	3.53	≥2.7	≥2.3	≥2.3	≥2.2
	每万人发明专利拥有数	件	≥3.5	4.12	≥4	≥3.2	≥3.2	≥3.0
	新产品销售收入占工业主营收入比重	%	≥20	3.03	≥20	≥20	≥20	≥15

续表

一级指标	二级指标	单位	全国目标值	权重	各区域目标值			
					东部	东北	中部	西部
科教文化（21.06%）	每万人 R&D 人员全时当量	人年	≥27	4.20	≥27			
	人均教育经费	元	≥3000	3.38	≥3000			
	城镇居民人均文娱支出占消费支出比例	%	≥6	2.79	≥6			
人民生活（26.79%）	城乡居民收入比	—	≤2.8	3.56	≤2.6	≤2.8	≤2.8	≤3.0
	城镇居民人均可支配收入	元	≥33000	3.99	≥33000			
	农村居民人均可支配收入	元	≥11000	3.16	≥11000			
	城镇居民恩格尔系数	%	≤40	2.53	≤40			
	农村居民恩格尔系数	%	≤40	2.85	≤40			
	城镇登记失业率	%	≤6	4.41	≤6			
	每千人卫生技术人员数	人	≥6.5	3.32	≥6.5			
	每千人医疗卫生机构床位数	张	≥6	2.96	≥6			
资源环境（26.87%）	森林覆盖率	%	≥23	3.01	≥23			
	城市建成区绿化覆盖率	%	≥40	3.94	≥40			
	万元 GDP 电力消耗量	千瓦时/万元	≤650	2.91	≤650			
	万元 GDP 用水量	吨/万元	≤65	3.26	≤65			
	万元 GDP 废水排放量	吨/万元	≤9	2.68	≤9			
	亿元 GDP 二氧化硫排放量	吨/亿元	≤20	4.34	≤20			
	一般工业固废利用率	%	≥80	3.71	≥80			
	城市生活垃圾无害化处理率	%	≥85	3.02	≥85			

（二）全面小康实现程度的评价方法

首先，应用熵值法对各项指标的权重进行确定（见表1）。

在权重确定后，通过综合加权方式对全面小康建设实现程度进行评价。

对于正向指标，其实现程度测算公式为：

$$Z_i = \begin{cases} \dfrac{x_i}{x_{i1}} \times 100\% \text{若} \dfrac{x_i}{x_{i1}} < 1 \\ 100\% \quad \text{若} \dfrac{x_i}{x_{i1}} \geqslant 1 \end{cases}$$

其中，Z_i 是 x_i 的评价值，x_i 为实际值，x_{i1} 为标准值。

对于负向指标，其实现程度测算公式为：

$$Z_i = \begin{cases} \frac{x_{i1}}{x_i} \times 100\% \text{ 若} \frac{x_{i1}}{x_i} < 1 \\ 100\% \quad \text{若} \frac{x_{i1}}{x_i} \geqslant 1 \end{cases}$$

（三）全面小康实现程度评价结果

评价结果如表 2 所示，其反映了 2004 年、2019 年全国和四大区域全面小康社会实现程度及其变化。就全国情况而言，人民生活和经济发展指标实现程度较好，都超过了 99%，共计 15 项二级指标中，14 项完成度为 100%，人均 GDP 指标也接近实现目标值；资源环境类指标的实现程度超过 95%，8 项指标中 2 项未达标；而科教文化类指标实现程度最低，只有 89.80%，6 项指标中 4 项未达标。

表 2　　全面小康实现程度评价结果　　单位：%

指标	2004 年					2019 年				
	东部	东北	中部	西部	全国	东部	东北	中部	西部	全国
全面小康实现程度	64.89	57.21	49.13	47.55	56.63	99.09	86.28	90.21	85.04	96.58
一、经济发展	74.11	63.45	47.90	48.26	68.07	99.92	90.54	85.56	85.30	99.71
人均 GDP（2010 年不变价）	35.21	23.75	18.79	14.08	21.91	100	100	80.37	83.58	98.04
第三产业增加值占 GDP 比重	81.32	78.29	75.97	79.65	82.37	100	100	100	100	100
城镇化率	79.42	90.95	58.42	60.53	69.60	100	100	94.67	98.33	100
私营外商港澳台工业主营收入占比	99.40	55.34	52.02	41.84	90.12	100	70.41	92.94	70.09	100
货物进出口总额占 GDP 比重	100	91.03	30.50	41.98	100	100	69.23	36.07	52.64	100
居民消费支出占 GDP 比重	100	100	100	100	100	99.34	100	100	100	100
互联网普及率	24.42	14.35	9.54	11.17	14.60	100	100	100	100	100
二、科教文化	46.69	38.01	30.88	36.07	40.01	96.97	64.02	74.42	63.16	89.80

续表

指标	2004年					2019年				
	东部	东北	中部	西部	全国	东部	东北	中部	西部	全国
R&D 经费支出占 GDP 比重	52.55	53.14	30.09	39.71	48.60	100	69.52	76.88	63.32	89.20
每万人发明专利拥有数	5.64	4.91	1.77	1.95	4.01	100	42.42	41.66	35.15	73.65
新产品销售收入占工业收入比重	62.89	41.69	44.04	64.69	57.33	100	68.84	93.80	66.17	99.34
每万人 R&D 人员全时当量	51.25	41.84	19.12	21.12	33.09	100	59.31	77.69	55.71	100
人均教育经费	26.53	19.47	13.01	14.14	18.57	100	77.83	89.63	100	100
居民人均文娱支出占消费支出比例	100	80.58	100	100	100	77.47	74.31	75.58	67.89	76.65
三、人民生活	71.21	70.90	63.63	61.13	65.49	99.34	99.96	100	100	100
城乡居民收入比	100	100	95.61	80.13	90.79	100	100	100	100	100
城镇居民人均可支配收入	35.98	23.56	23.90	24.23	28.29	100	100	100	100	100
农村居民人均可支配收入	42.64	28.22	24.48	19.42	27.52	100	100	100	100	100
城镇居民恩格尔系数	100	100	100	100	100	100	100	100	100	100
农村居民恩格尔系数	93.40	90.29	79.48	80.00	84.75	100	100	100	100	100
城镇登记失业率	100	100	100	100	100	100	100	100	100	100
每千人卫生技术人员数	55.55	70.26	48.37	46.86	51.96	100	100	100	100	100
每千人医疗卫生机构床位数	43.54	59.31	37.34	39.49	41.68	94.34	100	100	100	100
四、资源环境	64.20	52.74	50.12	42.32	50.08	99.72	86.10	97.23	87.06	95.59
森林覆盖率	100	100	100	87.03	79.13	100	100	100	100	100
城市建成区绿化覆盖率	91.25	83.46	80.78	63.30	80.70	100	97.00	100	98.60	100
万元 GDP 电力消耗量	54.71	47.68	46.62	38.66	47.20	97.40	78.19	100	64.57	88.85
万元 GDP 用水量	29.94	19.34	16.63	10.41	18.96	100	58.73	96.00	67.20	100
万元 GDP 废水排放量	35.91	33.01	25.98	25.89	30.19	100	91.19	100	100	100
亿元 GDP 二氧化硫排放量	24.13	19.54	12.06	7.12	14.35	100	100	100	100	100

续表

指标	2004年					2019年				
	东部	东北	中部	西部	全国	东部	东北	中部	西部	全国
一般工业固废利用率	100	70.30	74.67	54.56	70.61	100	62.23	83.44	64.37	76.82
城市生活垃圾无害化处理率	78.02	50.16	45.92	58.51	61.29	100	100	100	100	100

就各区域情况而言，东部全面小康实现程度最好，总体上达到99.09%。其中经济发展类指标实现度达99.92%，人民生活、资源环境类指标实现度都超过99%，最低的科教文化类指标实现度也达到96.97%；全部29项二级指标中，25项指标实现度达100%，只有4项未达标。中部全面小康实现程度达到90.21%，全部29项二级指标中，17项指标实现度达100%；东北与西部区域小康实现水平较接近，都低于90%，两者在全部29项二级指标中，16项指标实现度达100%，13项未达标；西部实现程度最低，只有85.04%，最低的科教文化类实现度仅有63.16%；各区域实现度未超过80%的二级指标数，东部仅1项，中部有5项，东北有11项，西部有10项，主要集中于科教文化类与资源环境类指标，西部与东北的以上两类指标实现程度偏低。

三、全面小康实现程度演进分析

（一）全面小康总体实现程度演进分析

由测算结果（见图1）可知，全国全面小康水平呈直线上升趋势，由2004年的56.63%上升到2019年的96.58%，增长了0.71倍。就四大区域而言，2004年全面小康实现程度东部最高（64.89%），其次为东北、中部，西部最低（47.55%）。但到2019年排名有所变化，东部小康水平依然领先（99.09%），但中部超过东北位居第二（90.21%），东北变为第三（86.28%），西部依然实现水平最低（85.04%）。中部、东北、西部地区的全面小康实现程度低于全国平均水平。就全面小康增长幅度而言，2004～2019年中部小康水平增幅最大，增长了0.84倍，其次为西部0.79倍、东部0.53倍、东北0.51倍。中西部虽然2004年小康初始水平较低，但15年来发展速度却相对较高，体现了后发优势与追赶效应；而东北地区虽然初始水平仅次于东部地区，并且在2004～2013年小康水平增速较高，但在2013年之后增速逐渐下降。由于体制机制和结构性障碍困扰，出现“新东北现象”，经济增长乏力，发展后劲不足，最终被中部地区赶超。

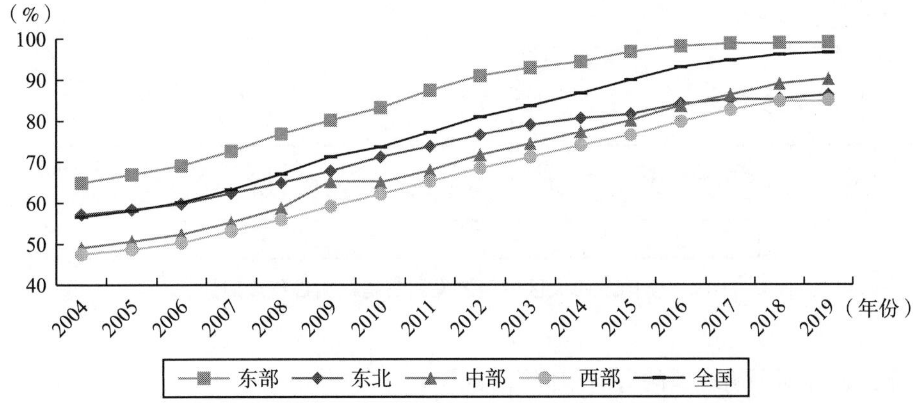

图1　全国及四大区域全面小康实现程度对比

（二）全面小康各维度指标实现程度演进分析

根据上述分析，我们可以观察到四大区域的全面小康实现程度呈现显著的不平衡现象。东部地区实现程度几乎接近100%，而东北和西部地区实现程度皆低于90%，导致这种发展差距的深层次原因究竟是什么？这需要进一步对全面小康四大维度指标及其子指标实现程度进行具体分析和对比，从而发现阻碍各区域小康发展的关键短板问题。

可初步判断科教文化、资源环境是全面小康社会建设进程中的短板。对比2019年四维度指标的实现程度，可以看出对于全国，人民生活和经济发展类指标的实现程度较高，接近100%，但资源环境、科教文化类指标实现水平较低。下面我们对四大区域在四个维度上呈现出的发展不平衡现象以及其背后原因进行深度解析。

1. 经济发展

2019年四大区域经济发展类指标整体实现程度由高到低为：东部接近实现（99.92%）、东北（90.54%）、中部（85.56%）、西部（85.30%），与2004年的排名相比，中部超过西部位居第三。仅东部地区的经济发展实现程度超过全国总体水平。增长幅度方面，2004～2019年经济发展类指标增幅由大到小的区域为：中部0.79倍、西部0.77倍、东北0.43倍、东部0.35倍。东部经济发展指标在2013年后接近全面小康的标准，所以增速趋于稳定。而东北地区在2013年后由于经济下行压力，发展增速逐渐放缓，并在2015年、2019年出现小幅度下降（见图2）。

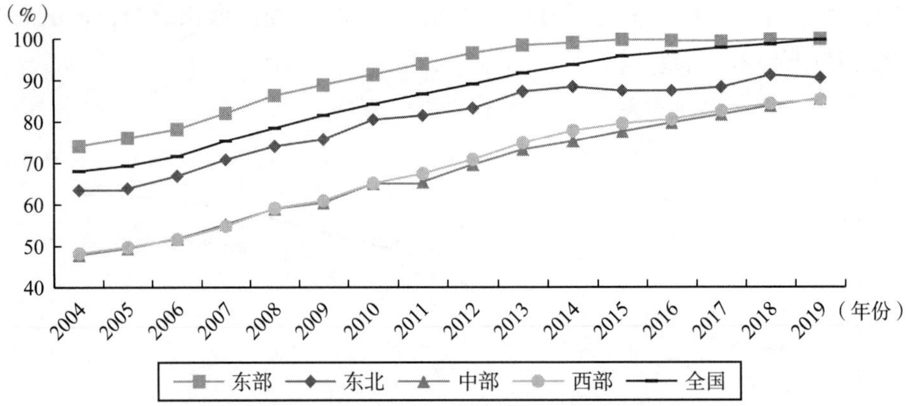

图 2　全国及四大区域经济发展类指标实现程度对比

导致这种不平衡现象的背后原因有二：

一是中、西部地区经济总体发展水平相对偏低。东部、东北地区 2019 年人均 GDP 指标皆已达到全面小康目标值。但按 2010 年不变价计算，中、西地区的人均 GDP 分别为 45809 元、47641 元，实现程度分别仅为 80.37%、83.58%。

二是四大区域经济结构优化程度不平衡。2019 年东部地区除居民消费支出占 GDP 比重指标尚未完全达到小康水平，其余结构性指标都已达标，而其他三大区域在经济发展结构与质量方面与其存在较大差距。首先，中、西部城镇化发展相对滞后。2019 年中、西部城镇化率分别为 56.80%、54.08%，实现程度为 94.67%、98.33%，而东部、东北已经超额达成该项目标值。其次，东北、西部非国有经济发展活力不足。虽然中部的私营、外商、港澳台工业主营收入占比也未到目标值（92.94%），但东北、西部仅达到目标值的 70.41%、70.09%，实际占比仅为 38.73%、38.55%，而东部实际值大约是其 1.66 倍（64.13%）。最后，中部、西部、东北的对外开放水平较低。三者对外贸易进出口总额占 GDP 比重的实现程度分别仅为 36.07%、52.64%、69.23%，实际值分别为 10.82%、13.16%、20.77%，而东部实际值达到 49.80%。另外，近年来全国及四大区域对外贸易进出口总额占比总体呈现下降趋势，也反映出我国对外贸易依存度逐渐降低，这与国际贸易摩擦增多、国际市场需求减少、国内经济发展格局逐渐由国际循环为主向国内国际双循环方向转变有关。

2. 科教文化

科教文化实现程度相对于其他三类指标最低，是全面小康建设的首要短板。2019 年四大区域科教文化整体实现程度由高到低为：东部（96.97%）、中部（74.42%）、东北（64.02%）、西部（63.16%）。与 2004 年相比，东北由第二下降为第三，西部由第三下降为第四，中部由第四上升为第二。中部、东北、西部的科教文化实现程度皆低于全国总体水平。就增长幅度而言，2004～2019 年四大区域科教文化实现程度增幅由大到小为：中部 1.41 倍、东部 1.08 倍、西部 0.75 倍、东北 0.68 倍。2009 年中部地区科教文化指标程度出现一个峰值，主要是由于当年的工业新产品销售收入占比这一创新产出的数值较高。自 2006 年中部崛起战略实施以来，中部科技创新能力实现迅速提升与赶超。与之相比，东北振兴与西部大开发战略对区域科创能力的带动作用相对较弱（见图 3）。

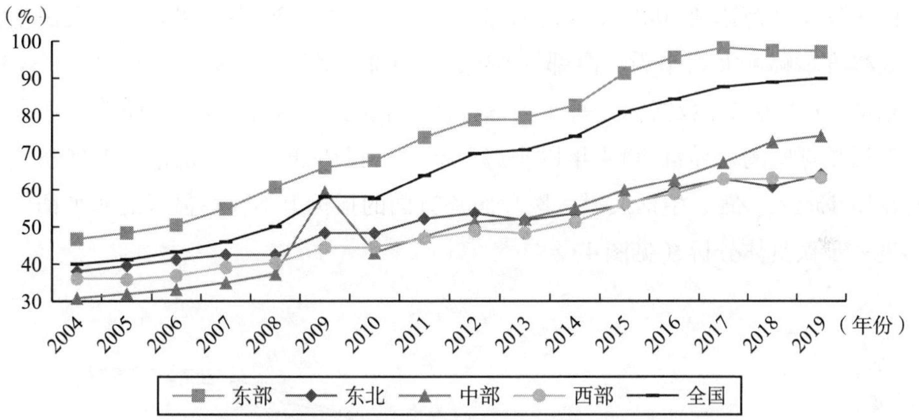

图 3　全国及四大区域科教文化类指标实现程度对比

造成这种不平衡现象的背后原因有五：

一是西部、东北、中部的科技创新要素投入力度不足。首先，在 R&D 经费支出占 GDP 比重方面，西部、东北、中部的实现程度仅为 63.32%、69.52%、76.88%，实际值皆低于2%，这反映出其科研经费投入强度偏低；其次，在每万人 R&D 人员全时当量方面，西部、东北、中部的实现程度仅为 55.71%、59.31%、77.69%，其实际值分别为 15 人、16 人、20 人，而东部的实际值大概是西部的 3.7 倍（56 人）。这体现出三大区域基础科研创新领域的人力资源相对短缺。

二是西部、东北、中部的科技创新产出成果较少。在每万人发明专利拥有量方面，西部、东北、中部的实现程度仅为 35.15%、42.42%、41.66%。实际值分别为 1.05 件、1.36 件、1.33 件，东部地区实际值为其 4 倍左右（4.61 件）。

三是东北、西部的科创成果转化与市场应用程度偏低。在新产品销售收入占工业收入比重方面，东北、西部的实现程度仅为 68.84%、66.17%，实际值分别为 13.77%、9.93%，而东部这一指标实际值是其两倍左右（23.73%）。这反映出东北、西部地区实体经济创新能力相对不足。

四是东北、中部的教育投资力度相对不足。东北、中部的人均教育经费实现程度分别为77.83%、89.63%，实际值为2334.96元、2688.95元，而东部这一指标是东北的1.63倍，中部的1.42倍。

五是四大区域居民人均文娱消费支出占比仍偏低。这一指标实现程度由高到低分别为东部（77.47%）、中部（75.58%）、东北（74.31%）、西部（67.89%）。2019年人均文娱消费支出占比超过6%的省市仅有东部的上海市、中部的湖南省。

3. 人民生活

2019年东部地区人民生活类指标接近实现目标值（99.34%），其他区域人民生活指标实现程度都达到100%。就增长幅度而言，2004～2019年四大区域人民生活指标完成程度增幅由大到小为：西部0.64倍、中部0.57倍、东北0.41倍、东部0.4倍。东部2019年未完成指标是每千人医疗卫生机构床位数。但总体而言，四大区域人民生活指标间的差异自2004年以来趋于收敛，民生建设皆呈现稳健发展态势。区域间在城乡收入差距、生活质量、医疗服务方面的指标上不存在显著的非平衡性，因此不进一步做具体分析（见图4）。

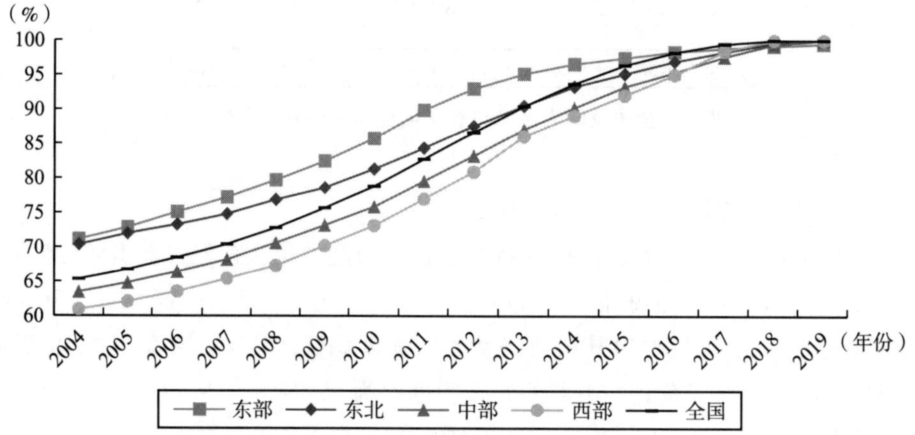

图4　全国及四大区域人民生活类指标实现程度对比

4. 资源环境

2019年四大区域资源环境指标实现程度由高到低为：东部（99.72%）、中部（97.23%）、西部（87.06%）、东北（86.1%）。与2004年相比，中部超过东北位居第二，西部位于第三，东北位于第四。其中，西部、东北的资源环境实现程度低于全国总体水平，与东部、中部相比，在生态环境建设方面存在明显差距。从增长幅度来看，2004～2019年四大区域资源环境实现程度增幅由大到小为：西部1.06倍、中部

0.94 倍、东北 0.63 倍、东部 0.55 倍（见图 5）。

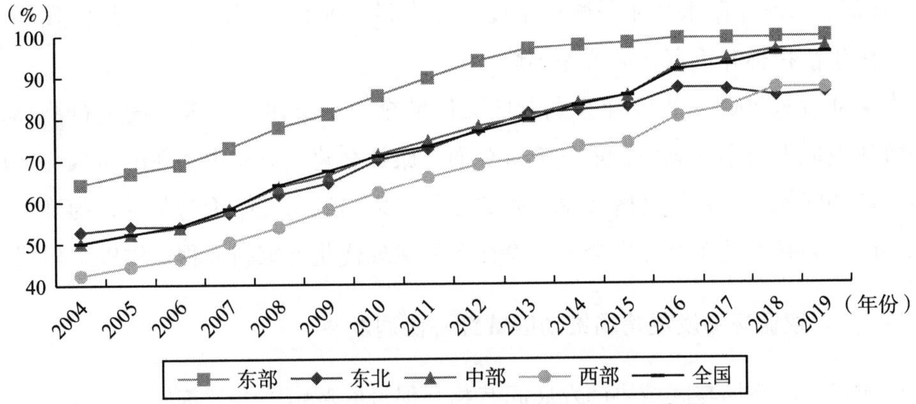

图 5　全国及四大区域资源环境类指标实现程度对比

造成这种不平衡现象的背后原因有四：

一是东北、西部的城市绿化建设程度偏低。2019 年仅有东北、西部的城市建成区绿化覆盖率指标尚未达到目标值，即实际值未达到 40%。

二是东北、西部的单位 GDP 资源消耗量偏高。首先，2019 年两者的万元 GDP 电力消耗量实现程度仅为 78.19%、64.57%，实际值分别为 831.35 千瓦时/万元、1006.67 千瓦时/万元，分别是目标值的 1.28 倍、1.55 倍；其次，两者的万元 GDP 用水量实现程度仅为 58.73%、67.2%，实际值为 110.67 吨/万元、96.72 吨/万元，分别为目标值的 1.7 倍、1.49 倍。这体现出两区域经济发展偏粗放式，生产能耗偏高。

三是东北地区的污染排放量较高。2019 年仅东北地区的万元 GDP 废水排放量这一指标未达到目标值。

四是东北、西部、中部的环境治理程度较低。2019 年东北、西部、中部的一般工业固废利用率实现程度分别为 62.23%、64.37%、83.44%，实际值仅有 49.79%、51.49%、66.75%。

四、结论与对策建议

上述研究表明：自 2004 年以来，我国全面小康建设取得瞩目成就，从 56.63% 上升到 2019 年的 96.58%，增长了 0.71 倍，但科教文化、资源环境领域的全面小康建设依然是短板。同时，全面小康建设也存在明显的区域间差异，2019 年全面小康水平由高到低为：东部、中部、东北、西部。15 年来中部地区全面小康水平增幅最大，赶超效应明显，与 2004 年相比增加 0.84 倍，其次为西部 0.79 倍、东部 0.53 倍、东北 0.51 倍。区域小康水平非平衡性主要体现在科教文化、资源环境、经济发展三方面，人民生活指标并不存在显著差异性。

本文通过对 2004 ~2019 年全国及四大区域全面小康建设实现程度进行测算，总结小康建设取得的丰硕成果，重点分析全面小康社会建设进程中存在的短板与区域发展不协调的问题，并解析这些现象背后的原因。以上述研究结论为基础，为确保全面建成小康社会并乘胜而上开启全面建设社会主义现代化国家新征程提供以下建议。

（一）以双循环新发展格局推动区域经济协调发展

构建新发展格局与区域协调发展间有相互促进的逻辑关系。首先，区域是构建新发展格局的空间载体，区域循环是国内大循环的重要方面。反过来，构建新发展格局有利于激发区域发展新优势，有利于促进区域协调联动发展（王昌林，2021）。构建新发展格局是破解区域经济发展非平衡性问题的关键路径，如何以比较优势融入双循环新格局是四大区域应思考的重点问题。东部地区应提升京津冀、长三角、粤港澳大湾区等先进区域在畅通双循环中的示范引领作用，发挥科技创新、人才集聚、营商环境、开放政策等领域的强劲优势，承担科技创新领头羊的重任，重点发展高新技术产业、未来产业、数字经济；东北地区应推动东北振兴取得新突破，利用装备制造产业、农业、冰雪资源等基础优势着力发展智能制造、冰雪旅游、休闲农业、康养产业；中部地区应把握人口红利、中心城市集聚、交通区位等优势，侧重发展以物流业为重点的枢纽经济，承接国内外产业转移，促进产业升级和新旧动能转换，推动中部崛起迈上新台阶；西部地区应以“一带一路”开放门户、自然资源、生态环境等优势为抓手，构建全方位开放发展新格局，推动生态旅游业发展。

但是构建双循环格局也不意味着关起门来谋发展，而是应促进对外贸易提质增效，建设更高水平的开放型经济体制。目前，东北、中部、西部的对外贸易进出口总额占 GDP 比重过低。东北、西部、中部应充分利用东北亚、“一带一路”对外开放优势和便利的交通条件，拓宽对外开放领域。一要优化外贸结构。提升进出口产品质量，扩大优质消费品与先进技术的进口比重，增强出口的国际市场竞争力，培育跨境电商、数字文化、数字技术服务等数字贸易新业态。二要完善招商引资与贸易投资遴选机制。聚焦产业转型重点领域，精准引进或投资市场潜力高的项目，将资源重点投向具有示范性的优质项目。三要兼顾对外开放基础设施“硬环境”与国际化营商环境“软环境”建设，为外贸企业提供良好的发展环境。

（二）以新型城镇化和乡村振兴战略推动城乡协调发展

首先，要提升以人为核心的新型城镇化质量。中、西部地区城镇化发展相对滞后，城镇化率尚未达到60%。对于中西部地区，一要充分发挥中心城市及城市群对周边中小城市、城镇的辐射带动作用，疏解大城市功能，下放资源和权限，打造大中小城市和小城镇协调发展的新型城镇格局，逐步提升县城承载能力；二要打造生态宜居的品质城市，提升城市绿化建设、公共服务能力和社会治理水平；三要促进户籍制度改革。2019年我国整体城镇化率达到60.6%，但户籍人口城镇化率仅为44.38%，两者差了16.22个百分点，因此应进一步深化城镇化改革，放开城镇人口落户控制，有序引导农村转移人口市民化，完善农业转移人口社会保障体系。其次，深入推进乡村振兴战略实施，促进城乡融合发展与要素双向流动。以城带乡推动农业农村现代化，加快农业产业融合业态发展，培育创意农业、特色民宿、“农产品+电商”、养生农业等新经济增长点。

（三）以营商环境竞争力激发非国有经济发展活力

根据上文测算，东北、西部地区的非国有经济发展活力相对不足。良好的营商环境是民营企业健康发展所需要的，也是一个区域发展的核心竞争力。而东北、西部地区省份的营商环境水平大多位于全国中下游。根据《中国省份营商环境研究报告2020》数据，辽宁省营商环境排名全国第22、陕西省第24（张志学、张三保，2020）。东北、西部地区亟须补足营商环境短板，塑造市场化、国际化、法治化的营商环境。一要打造公平竞争的市场环境。优化市场准入环境，打击行政性垄断行为。推进要素配置市场化改革，保障不同主体平等获取生产要素。持续降低企业生产经营成本，打造营商成本“洼地”，构筑投资兴业“高地”。二要打造办事便利的政务环境。以方便企业“一件事一次办”为标准，重塑全流程政务服务，推广容缺受理、一次告知、多部门并联审批模式。推进“一网通办”改革，拓展“区块链+人工智能+政务服务”应用场景，探索“刷脸认证”“零见面”等线上审批模式，切实降低企业制度性交易成本。三要打造公正透明的法治环境。降低企业合法经营成本，整治不合理涉企收费，依法保护各类所有制企业的产权和自主经营权，加快知识产权保护体系建设。提升企业违法违规成本，健全“一处失信、处处受限”的联合惩戒机制。四要打造宜业宜居的人文环境。营造倡导创新创业、宽容失败、亲商重信的营商文化。利用生态环境优势推动宜居城市建设，打造社区优质生活圈，为人才创造兴业安居的生活环境。

（四）以体制机制创新提升区域科技创新能力

唯有提升科技创新能力，才能打破核心关键技术受制于人的局面，提升产业链供应链现代化水平和韧性，孕育新产业新业态，从而提升国内国际竞争新优势。根据上文测算，除东部以外的区域新产品销售收入占工业收入比重偏低，反映出实体经济创新能力不足，企业创新主体作用尚未充分发挥，三大区域应通过创新体制机制，推动制造业、数字经济等重点领域核心技术突破。首先，完善基础研究资金投入与管理机制。基础研究是科技创新的原始动力，是突破核心技术的必要前提。根据测算结果，除东部以外的区域 R&D 经费投入力度较低。对此，必须加大科技研究投入，提升重点领域研究项目的财政资金与社会资本投入力度，完善科技经费管理体制，提高科研人才的经费自主支配权。其次，完善科技成果转化与应用机制。优化区域协同创新系统，构建以企业为创新主体、以市场需求为导向、政产学研深度融合、创新链、产业链、价值链相互交融的科技成果转化机制。最后，完善科创人才发展机制。根据测算结果，除东部以外的区域 R&D 人员全时当量偏低。对此，应着力完善科创人才引进、培育、激励机制，优化人才引进优惠政策，健全以创新能力和成果为主导的科创人才评价体系，为高端人才提供良好的科研氛围与发展平台，构建反映创新要素价值的收益分配机制。

（五）以文旅产业新业态拓展区域消费空间

2019 年四大区域城镇居民人均文娱消费支出占比皆未超过 6%，东北、中部的文化产业增加值占 GDP 比重也都低于全国平均水平，文化产业建设还存在极大的提升空间。文旅产业是文化和旅游产业相互融合的朝阳产业，是最能激发消费潜力的服务业之一。四大区域应着力发展文旅新业态，培育文旅消费新模式。一是推动文旅融合发展。各区域应将自身历史文化底蕴与旅游资源深度融合，围绕红色旅游、工业旅游、研学旅游、四季旅游等主题，打造一批特色鲜明、影响力较强的文化旅游品牌。着力发展夜间文旅经济，推动城市文旅焕发新活力。打造以特色文化元素为支撑的示范性夜间消费商业街或夜市，以夜间灯光秀、文化演艺、文化夜市等形式，塑造吸引游客驻足的精品夜间文旅消费项目。二是把握文化产业数字化机遇，以数字技术推动文旅产业转型升级。首先，鼓励开发基于 5G、VR、AR、全息影像、人工智能等技术的新一代沉浸式体验型文旅产品及服务，以云旅游、云展览为载体展现城市魅力名片，提升线下引流效果；其次，以数字技术促进文旅便民服务升级。运用微信公众号、手机 App 等平台整合城市文旅服务资源，打造集预约购票、旅游专线定制、酒店、餐饮个性化推荐等配套文旅服务于一体的智慧文旅小助手；最后，灵活运用数字新媒体平台、电商平台开展营销活动，建设高质量网红旅游打卡点，推广特色旅游文创产品。

（六）以生态环境建设推动区域绿色发展

虽然总体上我国环境治理工作取得飞速进展，但其依然是全面小康的短板问题之一。根据本文测算，东北、西部地区的资源环境指标实现程度偏低。对此，应坚持绿水青山就是金山银山理念不动摇，着力完善环境污染治理机制。要坚持源头治理、过程治理、终端治理相结合的环境治理道路。从源头上防治污染，着力促进区域传统产业绿色化改造与绿色技术创新，鼓励新能源产业和环保产业发展，推动清洁能源高效利用；从过程中防治污染，要完善政府、企业、社会公众等多主体参与的污染防治系统。探索区域协同治理新模式，加强环境监管信息平台建设，搭建信息资源共享数据库，实现区域间环境监管信息互联互通，打破环境治理碎片化困境；从终端防治污染，要促进制度创新，优化生态环境考核制度、生态环境公益诉讼制度、生态环境补偿制度。引入市场化污染防治机制，全面实施排污许可制，推进排污权、用能权、用水权、碳排放权市场化交易。

参考文献

［1］黄瑞玲，余飞，梅琼．苏、浙、粤全面小康社会实现程度的比较与评价——基于江苏高水平全面建成小康社会指标体系的测算［J］．江苏社会科学，2018（5）：255－264.

［2］李红．对新疆全面建设小康社会实现程度的分析与评价［J］．新疆社会科学，2010（6）：15－21.

［3］刘生胜，宋林郭，玉晶．陕西全面建成小康社会的现状评价及进程预测［J］．西安交通大学学报（社会科学版），2016（6）：60－67.

［4］王关区，刘小燕．内蒙古农村牧区全面建成小康社会实现程度评析［J］．内蒙古社会科学，2018（3）：176－181.

［5］郭国峰，王彦彭．中部六省全面小康实现程度的评价与比较［J］．中国工业经济，2007（3）：30－38.

［6］罗世俊，王秉建，吕祯婷，谢晶晶．中部六省全面小康实现程度差异分析［J］．湖北大学学报（自然科学版），2008（4）：420－424.

［7］朱波，郭瑛．文化小康内涵、评价体系构建及指数编制——基于中部六省数据的实证研究［J］．经济问题，2017（8）：123－129.

［8］蒋远胜，蒋和平，黄德林．中国农村全面小康社会建设的综合评价研究［J］．农业经济问题，2005（S1）：61－69.

［9］申云，李京蓉．我国农村居民生活富裕评价指标体系研究——基于全面建成小康社会的视角［J］．调研世界，2020（1）：42－50.

［10］王昌林．新发展格局［M］．北京：中信出版社，2021：29－30.

［11］张志学，张三保．中国省份营商环境研究报告 2020.［EB/OL］．https：//www. gsm. pku. edu. cn/info/1316/21962. htm，2020－06－16/2021－01－26.

The Evaluation of the Realization Degree of Comprehensive Well-off Society in Four Regions of China

Zhang Yi

Abstract: A comprehensive well-off society should not only achieve the balance of development on the whole country, but also in the region, so as to ensure the coordinated development of all regions. This paper constructs a comprehensive evaluation system of the realization degree of a comprehensive well-off society, calculates and compares the realization degree of a comprehensive well-off society in four regions from 2004 to 2019, so as to clarify the achievements and key weaknesses of the construction, analyze the specific reasons behind the non-balance of the regional well-off level. The empirical results show that since 2004, China has made remarkable achievements in building a comprehensive well-off society, with the realization degree rising from 56. 63% to 96. 58% in 2019, an increase of 0. 71times. However, science, education, culture, resources and environment are still short boards in building a comprehensive well-off society. At the same time, there are obvious regional differences in the construction. In 2019, the regions of comprehensive well-off level from high to low is: east, central, northeast and west; In the past 15 years, the growth rate of the comprehensive well-off level in the central region is the largest, the catch-up effect is obvious, followed by the west, east and northeast; The unbalanced phenomenon of regional well-off level mainly concentrates on the aspects of economic development, technology innovation, cultural industry, ecological environment. Based on the evaluation results, the corresponding policy recommendations are put forward from six aspects: adapt to the dual circulation development pattern, improve the quality of new-type urbanization, build more competitive business environment, improve mechanisms of technological innovation, cultivate a new business model of cultural tourism, strengthen ecological and environmental improvement.

Keywords: Comprehensive well-off society Four regions Realization degree Evaluation index system